하버드·MIT도 부럽지 않은
FAST MBA

ZUKAI WAKARU! MBA

Supervised by Hiroyoshi UMEZU
Copyright © 2004 by Jusuke IKEGAMI
First published in Japan in 2004 under the title "ZUKAI WAKARU! MBA"
by PHP Institute, Inc.

Korean translation edition © 2007 by 3mecca.com
Korean translation rights arranged with PHP Institute, Inc.
through Japan Foreign-Rights Centre & KCC(Korea Copyright Center Inc.)

이 책의 한국어판 저작권은 (주)한국저작권센터(KCC)를 통한
저작권자와의 독점계약으로 3mecca.com에 있습니다. 저작권법에 의해
한국 내에서 보호를 받는 저작물이므로 무단전재와 복제를 금합니다.

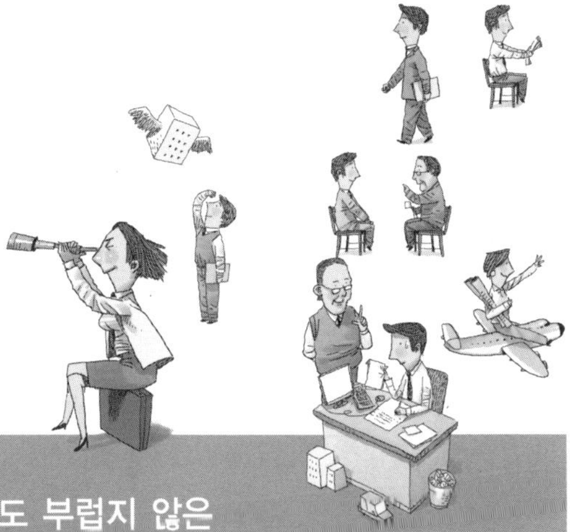

하버드·MIT도 부럽지 않은

FAST MBA

이케가미 쥬스케 지음 | 3mecca 옮김

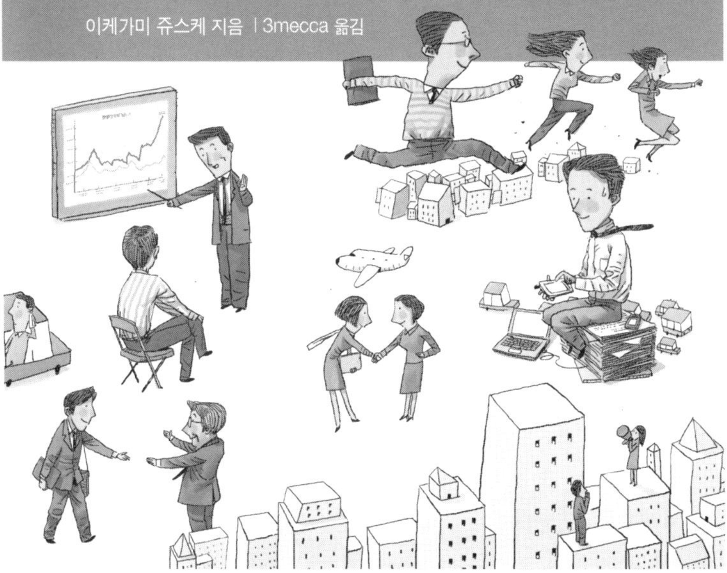

CONTENTS

PART I 소개
INTRODUCTION

01_ 무엇을 위해서 MBA를 취득하는가?
　　── MBA의 의의와 활용 | 11

PART II 전략
STRATEGY

02_ 전략 없이는 승리할 수 없다 ── 전략의 구조 | 19

03_ 무엇을 위한 회사인가? ── 경영의 이념과 사업의 정의 | 24

04_ 한정된 자원을 어떻게 사용할 것인가?
　　── 프로덕트 포트폴리오 매니지먼트(PPM) | 28

05_ 먼저, 자사의 외부 환경을 살펴라 ── 환경분석(외부) | 32

06_ 목표 시장이 과연 매력적인가? ── 5세력 분석 | 37

07_ 자사의 경쟁우위 원천은 무엇인가?
　　── 내부분석: 가치사슬 분석 | 42

08_ 강점과 약점을 철저하게 밝혀라 ── SWOT 분석 | 46

09_ 차별화와 집중으로 최고를 겨냥하라
　　── 마이클 포터의 3가지 전략 | 50

10_ 공세를 펼칠 것인가? 방어를 위한 것인가?
　　── 경쟁포지션의 4가지 유형 | 54

PART III 마케팅
MARKETING

11_ 마케팅 믹스란 무엇인가? — 마케팅 4P | 63

12_ 외부환경의 변화에 어떻게 대응할 것인가? — PEST 분석 | 67

13_ 목표고객을 확실하게 구별하라
    — 세그멘테이션/타기팅/포지셔닝 | 71

14_ 가장 효율적인 조합을 생각하라 — 마케팅 믹스 | 76

15_ 고객은 무엇을 요구하는가? — 제품(내용물과 패키지) | 80

16_ 가격설정 방법에서 큰 차이가 발생한다 — 가격 | 84

17_ 잠재적 고객을 발굴하리 — 판매촉진 | 91

18_ 유통을 지배하는 쪽이 시장을 지배한다 — 채널 | 95

19_ 브랜드의 위력을 무시하지 마라 — 제품·브랜드 | 99

20_ 결과가 잘못되면 처음의 전제로 돌아가라
    — 마케팅 순환 분석 | 103

PART IV 조직
ORGANIZATION

21_ 강한 조직은 어떻게 만들 수 있을까? — 사람, 조직, 전략 | 111

22_ 조직에서 무엇에 주목해야 하는가? — 맥킨지의 7S | 115

23_ 가장 적합한 조직형태는 무엇인가?
    — 조직형태: 기능별 조직 | 117

24_ 스피드와 효율을 추구한다
    — 사업부제 조직, 컴퍼니제, 매트릭스 조직 | 120

25_ 강한 조직은 문화를 육성하고, 그 문화에 의해 육성된다
    — 조직문화와 형성 프로세스 | 124

하버드·MIT도 부럽지 않은
FAST MBA

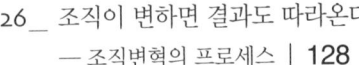

26_ 조직이 변하면 결과도 따라온다
— 조직변혁의 프로세스 | 128

27_ 어떻게 직원들에게 의욕을 불러일으킬 수 있을까?
— 동기부여와 인센티브 | 132

28_ 사원들은 정당한 평가를 바란다 — 업적평가 시스템 | 138

29_ 경영자여, 꿈을 말하라! — 리더십 | 142

PART V 회계
ACCOUNTING

30_ 회계를 모르고서는 의사결정을 할 수 없다
— 재무회계와 관리회계 | 149

31_ 이 기간 동안 수익과 손실은 얼마인가?
— 손익계산서(P/L, Profit & Loss Statement) | 153

32_ 현재 회사의 재산 상태는 어떠한가?
— 대차대조표(B/S, Balance Sheet) | 158

33_ 현금은 회사의 혈액이다
— 현금흐름계산서(C/F: Cash Flow Statement) | 163

34_ 회사의 실태를 파악하여 문제점을 밝혀내라
— 재무비율 분석 | 160

35_ 제품을 어느 정도나 판매하면 좋을까?
— 손익분기점 분석 | 174

PART VI 기업재무
CORPORATE FINANCE

36_ 장래 어느 정도의 가치를 기대할 수 있을까?
— 시간적 가치 | 179

37_ 회사의 자본비용을 파악한다
— 자본비용: WACC | 186

38_ 투자에 대해 어느 정도의 수익을 기대할 수 있을까?
— 자본비용: CAPM | 190

39_ 장차 이 회사의 주식은 상승할까? 하락할까?
— 주가수익비율: PER | 194

40_ 무엇을 토대로 주식을 평가하는가?
— 주가순자산비율: PBR | 199

41_ 도대체 현금으로 어느 정도 수익을 올릴 수 있을까?
— DCF법 | 204

PART VII 특별주제
TOPICS

42_ 물류는 전략툴이 되었다 — SCM | 211

43_ 고객을 위해서 어떻게 품질을 관리할 것인가?
— 6시그마 | 215

44_ 벤처 정신을 잊지 마라!
— 일본의 활성화와 벤처의 역할 | 219

PART I

소개 INTRODUCTION

01_ 무엇을 위해서 MBA를 취득하는가?
  —MBA의 의의와 활용

66 중요한 것은 불완전한 정보와 환경 속에서 의사결정을 하기 위해서는 어떤 사고방식을 가져야 하는지, 일단 결정한 전략을 어떻게 현실화 할 것인지, 사내외의 협력을 최대한으로 끌어내기 위해서 어떻게 행동하고 어떤 태도를 취해야 좋을지를 체감하는 것이다. 이것이 바로 MBA가 갖는 최대의 가치라고 할 수 있을 것이다. 99

Master of Business Administration

하버드·MIT도 부럽지 않은
FAST MBA

01

무엇을 위해서 MBA를 취득하는가?
—— MBA의 의의와 활용

　MBA의 핵심을 말하기 전에, 먼저 MBA의 본질이 무엇인지를 살펴보기로 하자. MBA의 본래 의의는 상위 경영진의 기본적인 활동 및 사고방식, 그리고 지식을 체계적으로 배우고자 하는 것이다. 사실, 마케팅·재무·회계·조직론·전략 등의 지식 자체는 MBA가 지닌 가치의 일부에 지나지 않는다.

　중요한 것은 불완전한 정보와 환경 속에서 의사결정을 하기 위해서는 어떤 사고방식을 가져야 하는지, 일단 결정한 전략을 어떻게 현실화 할 것인지, 사내외의 협력을 최대한으로 끌어내기 위해서 어떻게 행동하고 어떤 태도를 취해야 좋을지를 체감하는 것이다. 이것이 바로 MBA가 갖는 최대의 가치라고 할 수 있을 것이다.

　이것이 유럽과 미국에서 MBA가 최고 경영진이 지녀야 할 기본적인 소양이라고 간주되고 있는 이유이다. 이 책에서는 MBA 핵심 과정의 지식을 전달할 뿐 아니라, 실천력을 몸에 익힐 수 있도록 가능한

한 기업의 실제 사례를 소개하도록 하겠다.

바로 최근까지 일본의 대학·기업·개인에게는 구미의 MBA로 대표되는 비즈니스 방법론과 행동양식에 대해서 어느 정도 알레르기와 같은 반응을 보이는 일이 많았다. 그리고 애써서 MBA를 취득한다고 해도 그것이 별다른 장점으로 작용하지 않았던 경우도 적지 않았다.

그러나, 현재와 같은 경제 불황과 국제화에 의해 많은 기업과 대학, 그리고 개인들은 MBA 유형의 사고방식과 행동양식을 적극적으로 받아들이지 않으면 안 되는 상황이 되어가고 있다.

다만, 여기서 명심해야 할 사항은 MBA는 비즈니스의 성공 확률을

MBA 취득 주요 경영인

성명		MBA 취득학교
오카다 겐야	이온 사장	밥슨칼리지
고바야시 요타로	후지제록스 사장	펜실베니아대학 와튼스쿨
미에 쿠니	미스미 사장	스탠포드대학
다마츠카 겐이찌	유니크로 사장	선더버드(AGSIM)
나이또 하루오	에자이 사장	노스웨스턴대학 켈로그스쿨
니나미 타카시	로손 사장	하버드대학 비즈니스스쿨
하마다 히로시	델컴퓨터 사장	선더버드(AGSIM)
후지 쿄다카	SAP Japan 사장	하버드대학 비즈니스스쿨
후지모리 요시야끼	GE 플라스틱 CEO	카네기멜론대학 비즈니스스쿨
호리 코이찌	드림인큐베터 사장	하버드대학 비즈니스스쿨
호리 야스또	글로비스 사장	하버드대학 비즈니스스쿨
미키다니 히로시	라쿠텐 사장	하버드대학 비즈니스스쿨
모기 유자브로	기코만 사장	컬럼비아대학 비즈니스스쿨
야마다 오사무	필립스라이팅 사장	선더버드(AGSIM)
요시다 타나유키	YKK 사장	노스웨스턴대학 켈로그스쿨

(2004년 3월 현재)

높이는 다양한 요소 중 하나일 뿐이고, MBA 취득이 곧 상위 경영진의 자리를 보장하는 것은 아니라는 점이다.

그렇다고는 해도, MBA 취득자가 누리게 될 비즈니스의 기회는 계속 증가해갈 것이다. MBA를 취득했던 주요 일본인 경영자 리스트를 보면, 이 사람들이 다른 사람들과는 선혀 다른 경영을 하고 있다는

일본의 주요 MBA 설치대학

일본 MBA 스쿨

- 아오야마학원 대학원
- ※ 게이오대학 비즈니스스쿨
- 코베대학대학원 경영학연구과
- ※ 코쿠사이대학(IUJ)
- 나마대학 대학원
- 치쿠바대학 대학원
- 히또츠바시대학 국제기업전략연구과
- 호세대학 대학원
- ※ 와세다대학 비즈니스스쿨

※ 표시는 Global Workplace에 가입된 대학임
(상세내용은 p. 14 참조)
(일본지부: 글로벌태스크포스주식회사)

MBA 정보 포털, 공식 단체

세계 최대 주요 비즈니스스쿨, 공식 MBA 네트워크	Global Workplace	www.global-taskforce.net(일본어) / www.global-workplace.com(영어)	전세계 35만명, 일본 7,500명의 MBA 회원을 가진 공식 단체의 일본지부
기타 MBA 관련 정보 사이트	닛케이Net 『MBA & 프로페셔널 스쿨』	http://mba.nikkei.co.jp/	닛케이 비즈니스의 MBA 포털
	미국 비즈니스위크誌	http://www.businessweek.com	미국 경제지의 MBA 순위
	미국 US 뉴스&월드 리포트誌	http://www.usnews.com	
	미 월스트리트저널誌	http://www.wsj.com	미국, 영국 경제지의 MBA 순위
	영국 파이낸셜 타임즈誌	http://www.ft.com	

MBA 순위

● 미국 MBA Top 30개교
(출처: 비즈니스위크誌 2002년 MBA 순위)

미국 MBA 순위		파이낸셜타임즈誌 세계순위
※ 1	Northwestern(Kellogg)	9
※ 2	Chicago	5
3	Harvard	2
※ 4	Stanford	4
※ 5	Pennsylvania(Wharton)	1
※ 6	MIT(Sloan)	10
※ 7	Columbia	3
※ 8	Michigan	25
※ 9	Duke(Fuqua)	15
※10	Dartmouth(Tuck)	11
※11	Cornell(Johnson)	19
※12	Virginia(Darden)	14
13	UC Berkeley(Haas)	15
※14	Yale	12
※15	NYU(Stern)	8
※16	UCLA(Anderson)	20
17	USC(Marshall)	31
※18	UNC(Kenan-Flagler)	23
※19	Carnegie Mellon	23
20	Indiana(Kelley)	45
21	Texas(McCombs)	32
※22	Emory(Goizueta)	29
23	Michigan State	66
※24	Washington(Olin)	49
25	Maryland(Smith)	33
26	Purdue(Krannert)	47
※27	Rochester(Simon)	38
※28	Vanderbilt(Owen)	35
29	Notre Dame(Mendoza)	54
※30	Georgetown(McDonough)	17

● 유럽 MBA Top 20개교
(출처: 영국 파이낸셜타임즈誌 2003년 MBA 순위)

유럽 MBA 순위			파이낸셜타임즈誌 세계순위
1	INSEAD	프랑스	6
※ 2	London Business School	영국	7
※ 3	IMD	스위스	13
※ 4	IESE, University of Navara	스페인	18
※ 5	IE, Institute de Empresa	스페인	26
※ 6	Rotterdam School of Management	네덜란드	28
※ 7	University of Cambridge	영국	30
※ 8	Warwick Business School	영국	34
※ 9	University of Oxford	영국	35
※10	SDA Bocconi	이탈리아	43
※11	Manchester Business School	영국	44
※12	Cranfield School of Management	영국	54
※13	HEC School of Management	프랑스	62
14	City University Business School	영국	68
15	Edinburgh University	영국	73
※15	Universiteit Nyenrode	네덜란드	73
※17	Imperial College	영국	78
※17	Helsinki School of Economics	핀란드	78
19	EAP	프랑스	82
※20	ESADE	스페인	83

※ 표시는 Global Workplace 소속 대학
(일본법인: 글로벌태스크포스주식회사)

Global Workplace는 세계 18개국 최고 경영대학원이 공동으로 운영하고 있는 세계 최대의 공식 MBA 동문 네트워크이다. 일본지부 (Global Workforce)는 매월 첫째 주 금요일 조찬모임인 파워 브랙퍼스트 미팅(power breakfast meeting)을 비롯, 연 2회 개최되는 대규모 합동 교류회(MBA를 중심으로 비즈니스 리더 300명이 참가) 등의 커뮤니티 운영을 시작으로 하여, 경력개발 지원, 컨설팅 프로젝트를 수행하고 있다. (www.global-taskforce.net)

것을 알 수 있다.
 이처럼 MBA는 단지 경영자가 되기 위한 수단이 아니라, 경영자로서 명확하게 차별화된 전략을 사용하고 성공을 지속해 나가는데 일조를 하고 있는 것이다.

PART II

전략 STRATEGY

- **02**_ 전략 없이는 승리할 수 없다 — 전략의 구조
- **03**_ 무엇을 위한 회사인가? — 경영의 이념과 사업의 정의
- **04**_ 한정된 자원을 어떻게 사용할 것인가?
  — 프로덕트 포트폴리오 매니지먼트(PPM)
- **05**_ 먼저, 자사의 외부 환경을 살펴라 — 환경분석(외부)
- **06**_ 목표 시장이 과연 매력적인가? — 5세력 분석
- **07**_ 자사의 경쟁우위 원천은 무엇인가?
  — 내부분석: 가치사슬분석
- **08**_ 강점과 약점을 철저하게 밝혀라 — SWOT 분석
- **09**_ 차별화와 집중으로 최고를 겨냥하라
  — 마이클 포터의 3가지 전략
- **10**_ 공세를 펼칠 것인가? 방어를 위한 것인가?
  — 경쟁포지션의 4가지 유형

66 이 책에서는 경영전략의 정의를 "기업이 경쟁우위를 유지하고, 수익을 지속적으로 창출하기 위한 기본적인 구조"라고 정의하기로 한다. 경영전략은 전사전략(기업전략)과 사업부단위의 사업전략이라는 두 가지 차원으로 나뉜다. 99

Master of Business Administration

하버드·MIT도 부럽지 않은
FAST MBA

02

전략 없이는 승리할 수 없다
── 전략의 구조

　이 책에서는 경영전략의 정의를 "기업이 경쟁우위를 유지하고, 수익을 지속적으로 창출하기 위한 기본적인 구조"라고 정의하기로 한다. 경영전략은 전사전략(기업전략)과 사업부단위의 사업전략이라는 두 가지 차원으로 나뉜다.

　전사전략은 시시각각 변하는 환경에 적절하게 부합되어야 할 필요가 있지만, 지침이 될 만한 어떤 것이 없으면 전략의 폭이 너무 넓어지게 되어 사원들은 물론이고 고객과 파트너가 혼란에 빠지게 된다. 또한 사업전략도 그것을 실행하기 위해서는 구체적인 부문에 대한 전략으로 표현되어야 한다.

　전략과 관련된 사항은 다음의 그림에서와 같이 기본적으로 비전, 전사전략, 사업전략, 부문전략이라는 구조로 이루어진다. 각각의 전략을 수립하는 방법으로는 하향식(top-down), 상향식(bottom-up), 그

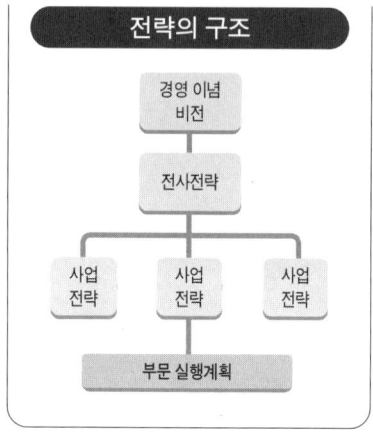

리고 순환식의 3종류가 있다. 여기서 중요한 점은 어떤 프로세스를 거치든지, 거기에는 일관성이 있어야 한다는 것이다.

경영이념이나 비전이라는 것은 애당초 그 기업이 무엇을 위해 존재하는지, 무엇을 최종적인 목표로 하여 회사 전체와 사원 한 명 한 명이 생각하고 행동해야 하는지를 나타낸다. 물론, 경영이념이라는 것이 한 번 작성되면 절대로 변경될 수 없는 것은 아니지만, 그 기본선은 상당한 시간이 지나도(바꾸어 말해서, 약간의 변경이 추가되기는 해도) 변하지 않는 경우가 많다.

전사전략은 여러 개의 사업을 산하에 두는 기업이 전사적인 자원배분을 가장 효과적이면서도 효율적으로 시행하기 위한 방침이다. 전사전략에는 기업이 어떤 사업영역(사업 도메인)에서 경쟁을 하고, 어떤 사업의 조합(사업 포트폴리오)을 지니고, 그들 사업 간에 어떻게 자원배분을 할지 등이 포함된다.

개별의 사업전략은 전사전략에 비해서 어느 정도 한정된 경쟁 환경하에서, 어떻게 지속적으로 승리해나가는가에 대한 방침이다. 사업전략의 차원에서는 타깃이 되는 고객과 경쟁 상대방이 꽤 명확하게 정의되는 경우가 많으며, 다음에 소개될 5세력 분석 등을 적용하여 구체적인 전략을 수립하게 된다.

이 전략을 보다 세분화하여 영업·개발·생산·프로모션 등 특정 부문의 돌파구를 만드는 전략이 부문전략이고, 전사전략에 비해 그 구체성이 더욱 커지게 된다.

앞의 그림은 약간 피라미드형을 띄고 있다. 이 그림을 보면, 비전·전사전략·사업전략·부문전략의 구조가 하향식의 프로세스로 보일 것이다. 분명히 하향식으로 이루어지는 경우가 많다. 그러나 계속 하향식으로 완결되는 전략은 실행 면에서 문제를 일으키게 될 가능성이 크다. 그러므로 전체적으로 정합성을 지니면서 실행가능성도 높은 전략을 수립하기 위해서는 상향식과의 순환구조적인 프로세스가 필요하게 된다.

> 📖 **순환구조적 프로세스**
>
> 하향식(top-down)으로 수립된 개괄적인 안을 실행부문에서 논의하고, 그것을 반영시킨 전략을 다시 하향식으로 논의해 가면서 전략을 수립하는 것.

여기서 유의해야할 것은 이렇게 논의해가는 과정에서, 처음에는 아주 걸출했던 전략이 어느 때 쯤에 와서는 타사와 별반 다르지 않은 우등생적인 전략이 되어 버리는 경우이다. 그것을 피하기 위해서는 최초로 그 전략을 제안했던 의도(최종적인 목적)를 명확하게 하고, 논의하는 도중에도 항상 처음으로 되돌아가야 한다.

| 소니의 전략 |

전사전략에서는 경영자원을 집중시킬 사업 도메인을 지정하는 것이 중요하다. 소니의 경우에는 명확하게 브로드밴드 사업에 경영자원

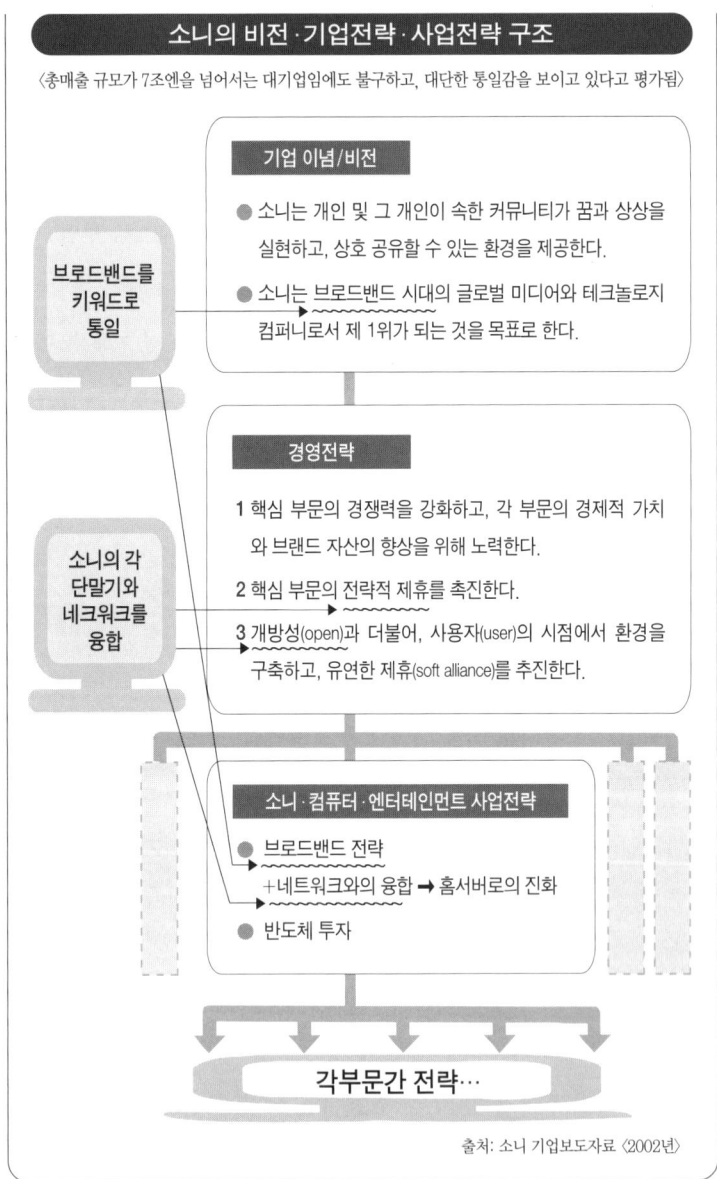

을 집중시키고 있다. 전사전략의 포인트는 선택한 사업분야에서 경쟁우위를 확보하고 기득자원의 분배를 유효하게 시행하는 것인데, 소니는 브로드밴드 분야의 경쟁우위 확보를 위해서 핵심부문(전자, 게임, 컨텐츠의 3개 영역)을 네트워크 애플리케이션과 컨텐츠 서비스로 묶는다는 방침을 분명하게 내세우고 있다.

03

무엇을 위한 회사인가?
── 경영이념과 사업의 정의

　경영이념(기업이념)은 기업의 존재의의와 사명(미션)이라고 하는 기업의 기본적인 목표, 가치관, 행동원칙 등을 명문화한 것이다.
　경영이념을 통해서 처음부터 경영진과 사원, 이해관계자가 목표·가치관·사고방식을 공유하고, 공통의 목표를 향해 하나가 되는 것이 가능해진다.
　경영이념은 비전(미래전망)이나 미션(사명)과 동일하게 사용되는 경우가 많다. 이 용어들을 명확하게 구별하기란 어려운 일이지만, 그것들이 모두 조직의 기본행동을 정의한다는 점에서는 서로 일치한다고 할 수 있다.
　경영이념과 미션의 시간축은 기본적으로 조직이 존속하는 기간으로 상정되며, 조직에서 보편적인 것으로 인지된다. 이 때문에, 비전을 통해서 어떤 특정한 미래 시점의 목표를 나타낼 수 있게 된다. 물론 한 번 정해진 경영이념을 고치는 일이 불가능한 것은 아니지만, 그 기본축이 그다지 빈번하게 바뀌지는 않는다. 또한 경영이념이란 보편성을 갖기 때문에, 경영이념이 반드시 구체적으로 표현될 필요는 없다. 앞에서 설명했듯이 보다 구체적인 것으로서 경영전략, 사업전략, 기능별 전략 등이 있다.

그러나, 경영이념을 단순한 구호 정도로 생각해서는 안 된다. 혼이 깃든 경영이념은 기업의 경쟁력에 직결되기 때문이다. 예를 들어 마쯔시타 고노스케는 창업할 당시 그 유명한 '수도(水道)철학'을 내세워서, "물질적인 풍요로움이 인간을 행복하게 한다. 기업인의 진정한 사명은 물건을 수돗물처럼 저렴하고 흔한 것이 되도록 하는 것이나"라고 설파했다. 그는 또한 '인재를 만드는 마쯔시타'라는 말에서 표현되듯이, 이 기본이념을 직원연수를 통해 철저하게 임직원의 내면에 침투시킴으로써, 경영이 어려운 시기에도 다시 일어설 수 있는 힘의 원천이 되도록 만들었다.

소니의 이부카 마사루는 회사설립 취지문에서 "기술에서 즐거움을 느낄 수 있는 직장을 만들고, 일본을 재건하며, 문화향상을 통해 국민생활에 이바지한다"는 이념을 내세웠다. 이익제일주의를 버리고 기술상의 어려움을 오히려 환영하며 고급기술을 지향한 실력주의, 인격존중을 경영방침으로 내세웠던 것이다.

혼다 소이치로가 내세웠던 사시는 "세계적인 시각을 가지고 고객의 요구에 부응하는, 성능은 우수하면서도 가격이 저렴한 제품을 생산한다"는 것이다.

이들 기업에는 창업 당시의 이념이 현재까지도 맥을 이어오고 있음을 알 수 있다.

| 제품 지향과 시장지향 |

앞에서 경영이념이 보편성을 갖기 위해서는 반드시 구체적으로 기술될 필요는 없다고 했지만, 사업 도메인을 정의할 때는 어느 정도의 구체성도 필요하다.

예를 들어 "고객이 요구하는 모든 제품을 최고급 품질로, 최저 가격으로 제공한다"고 밝힌다고 해도, 그것을 실현하기 위한 방법론의 뒷받침이 없으면, 그것은 모든 기업이 원하는 바를 그저 막연하게 표현하는 것에 불과한 것이 되고 만다. 그러므로 사업은 어느 정도 구체적으로 정의되어야 한다.

사업을 정의하는 데는 크게 두 가지 방식이 있다. 하나는 제품지향성을 나타내는 것이고 또 다른 하나는 시장지향성을 부각시키는 것이다.

제품지향성은 기업이 생산하는 제품을 규정하는 것으로서, "PC 시장에서…", "반도체 제조에 있어서…"라고 표현된다. 시장지향성은 고객이 제품을 구입하는 측면에서 생각하는 것으로서, 화장품 회사의 경우에는 "여성의 아름다움에 기여한다", 피트니스 클럽이라면 "도시인들에게 건강한 라이프스타일을 제공한다"고 표현될 수 있을 것이다.

대표적 성장기업의 기업이념·모토

라쿠텐	소비자가 인터넷을 통해서, 즐겁고 안전한 쇼핑을 한다
HIS	해외여행을 가능한 한 합리적으로, 가능한 한 자유롭게 만든다
사이제리야	이탈리아 요리를 통해 생활의 풍요로움을 제안한다
산마르크	고객이 미처 생각하지 못했던 만족을 창조하는 회사를 지향한다
와타미푸드서비스	풍요롭고 즐거운 또 하나의 식탁을 제공한다

출처: 우치다 마나부, 「MBA 에센셜즈」

제품지향적 사업정의와 시장지향적 사업정의

기업	제품지향적 정의	시장지향적 정의
레브론	우리는 화장품을 생산한다	우리는 라이프스타일과 자기표현, 성공과 지위, 추억, 희망, 그리하여 꿈을 판다
디즈니랜드	우리는 테마파크를 경영한다	우리는 팬터지와 엔터테인먼트, 즉, 미국적인 잔상을 남기는 장소를 제공한다
월마트	우리는 할인점을 경영한다	우리는 미국 중서부 사람들에게 가치를 전달하는 제품과 서비스를 제공한다
제록스	우리는 복사기, 팩시밀리 및 기타 사무기기를 제조한다	우리는 문서의 읽기, 보관, 재생, 정정, 배포, 인쇄 및 출판을 지원하며, 기업의 생산성을 높인다
OM·스코트	우리는 잔디씨와 화학비료를 판매한다	우리는 푸르름의 건강한 정원을 전달한다
홈데포	우리는 공구와 가정용 수선·개조 용품을 판매한다	우리는 솜씨 없는 자택소유자들도 스스로 집을 수리할 수 있도록 조언과 솔루션을 제공한다

출처: 필립 코틀러, 『코틀러의 마케팅 입문』

04

한정된 자원을 어떻게 사용할 것인가?
—— 프로덕트 포트폴리오 매니지먼트(PPM)

다수의 사업부를 거느린 기업은 개별 사업전략뿐 아니라, 전사적으로 최적의 자원배분이 이루어져있는가를 확인해야 한다. 여러 사업부 간의 자원배분을 검토하기 위한 유력한 툴로서, 보스턴컨설팅그룹(BCG)의 프로덕트 포트폴리오 매니지먼트(Product Portfolio Management: PPM)가 있다.

PPM은 "한정된 자금과 자산을 유효하게 활용하기 위해서, 기업은 자금을 창출하는 사업과 자금을 투입해야 하는 사업을 구별하여 그것들이 상호 균형을 이루도록 구조화해야 한다"는 생각을 기반으로 한 것이다. 그 전제가 되는 것은 다음 3가지이다.

① 어떤 시장도 시간이 가면서 그 성장성이 둔화된다
② 성장성이 높은 사업은 자금투입을 요구한다

③ 시장점유율이 높은 기업이 고수익을 올리며, 자금창출을 위한 기회도 더 많이 생긴다.

PPM은 (1) 성장성이 높은가? (2) 시장점유율이 상대적으로 높은가? 라는 두 가지 점을 기준으로 하여 사업을 4가지, 즉, 별(Star)·현금젖소(Cash cow)·문제아(Problem children)·개(Dog)로 구분한다.

'별'은 성장기에 있으며 시장점유율이 높은 사업을 말한다. 여기에 속한 상품은 물론 이익을 창출하기는 하나, 성장기에 있기 때문에 투자도 역시 필요로 한다. 따라서 사유현금흐름(free cash flow)은 크지 않을 수 있다.

시장의 성장이 둔화되면 시장점유율이 높은 상품은 추가 투자를 필요로 하지 않게 되고, 따라서 자유현금흐름도 커지게 된다. 이것이 바로 '현금젖소'이다.

'문제아'는 성장기 시장에서 시장점유율이 낮은 사업이다. 시장이 성장기에 있을 때 시장점유율을 높이지 않으면, 장래성이 없다는 PPM의 관점에서 볼 때, 여기서는 추가 자금투자를 하여 시장점유율을 높일 것인지의 여부가 중요한 의사결정 사안이 된다.

문제아가 시장점유율을 높이지 못한 채, 그대로 시장의 성장률이 하락해버리면 '개'가 된다. 이것은 전망이 없는 사업이고 따라서 이론상으로는 거기에서 철수해야 한다.

| 캐논의 PPM |

2001년도 그룹의 총매출이 2조 9,075억엔에 달했던 캐논도, 1975년

당시(표 상단, 31P)에는 주력 사업인 카메라 이외의 부문으로 다각화를 꾀하였으나, 결국 모두 문제아 상태가 되고 말았다. 계산기와 복사기까지 그 어느 것 하나 취약하지 않은 것이 없었고, 그것들이 자금을 분산시키고 있었다. 이러한 포트폴리오의 악화는 재무 성적에도 반영되어, 1975년에 캐논은 무배당 상태로 전락했다. 이러한 상황 아래서는, 무분별한 자원 분산을 피하고 자원을 집중시켜 별이 될 수 있는 상품을 만들어서 자금원과 요구되는 투자 간의 균형을 취해야 한다.

그 후 20년이 지난 1995년의 캐논의 PPM을 보면, 현금젖소(소형 용지 프린터)와 별(잉크젯 프린터)이 균형을 이룬 포트폴리오를 형성하고 있다. 최근에는 개의 상태에 이른 몇몇 사업의 처리가 과제로 대두되고 있으며, 잉크젯 프린터를 제외하고는 성장시장에 속한 상품이 없다는 것도 금후에 해결해야할 과제가 될 것이다.

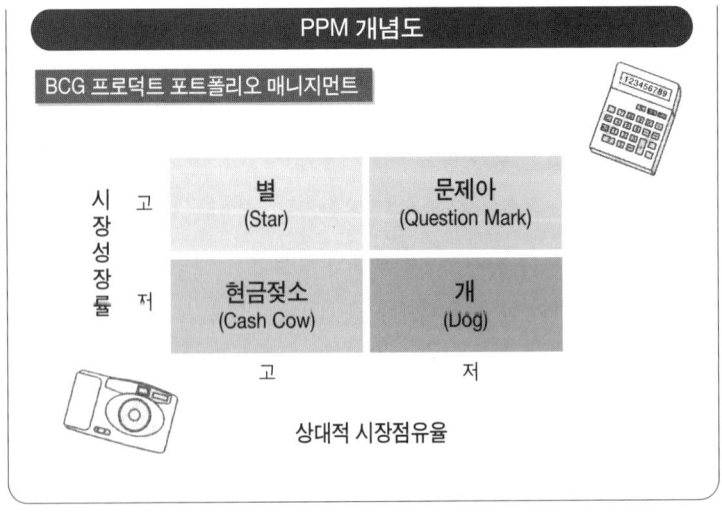

PPM 개념도

캐논의 사업 포트폴리오(1975년)

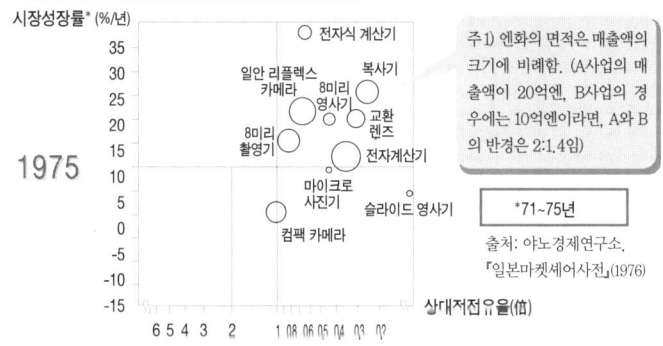

캐논의 사업 포트폴리오(1995년)

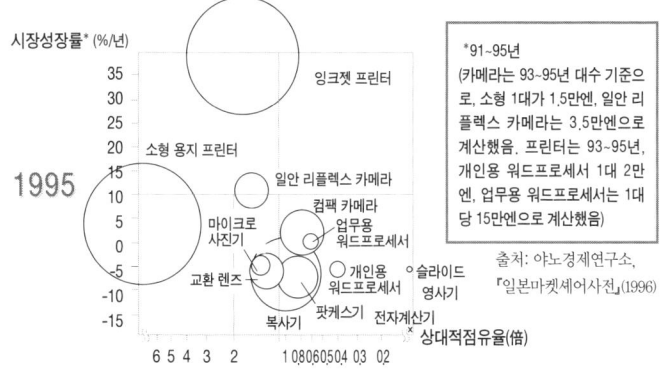

주2) 이 그래프는 야노경제연구소 『일본마켓셰어사전』의 데이터를 토대로 작성되었다. 연도에 따라서, 동사가 집계 대상으로 하지 않은 제품이 빠지거나, 데이터 소스와 정의가 바뀐 경우도 있다. 데이터의 크기는 통산성 통계에서, 일본 국내 생산(생산업체가 제공하는 수치 기준)을 토대로 했다. 따라서 일본기업이 전 세계 대부분의 점유율을 차지하는 제품인 경우는 그대로 세계 점유율을 나타낸다. 또한, 복사기 등과 같은 경우에는 일시적으로 일본 국내 판매량을 기준으로 한 점유율이 사용되었기 때문에, 일본 국내 생산을 기준으로 점유율을 산정한 시기에 비해서 매출 급감을 보이는 기간도 있다. (출처: 아이바 코지, 『MBA의 경영』)

05

먼저, 자사의 외부 환경을 살펴라
── 환경분석(외부)

구체적인 전략을 수립하기 위해서는, 경영자원등 내부환경과 거시/미시 환경이라는 외부환경을 분석해서 전체 상황을 파악해야 한다. 외부환경 분석은 주로 다음의 사항을 대상으로 한다.

| 거시환경 |

- 정치 (재정·금융 정책, 산업정책, 외교정책, 환경정책, 교육정책)
- 경제 (GDP 성장, 소비동향, 생산·투자 동향, 노동시장동향, 생산구조, 금융시장동향, 해외경제동향)
- 사회 문화 (유행·가치관, 생활양식, 인구구조)
- 기술 (기술혁신, 기술동향)

| 미시환경 |

- 산업구조 (업계규모, 생산성, 업계구조, 고객동향, 업계규제동향)
- 경쟁환경 (업계 시장점유율, 경쟁기업, 신규진입기업)
- 제품동향 (주요제품 동향, 신제품개발 동향, 대체품, 생산성, 특허·기술 동향)

혼다의 중국시장 전략 수립을 위한 외부분석(1)

거시 분석

- **정치** : 중국의 WTO 가입에 의한 자본주의화

- **경제** : GDP 2자리수 성장, 구미형 자본주의 도입

- **사회·문화** : 급속한 고소득층의 증대, 자동차·2륜차 시장의 성장

급성장하는 중국 자동차 시장

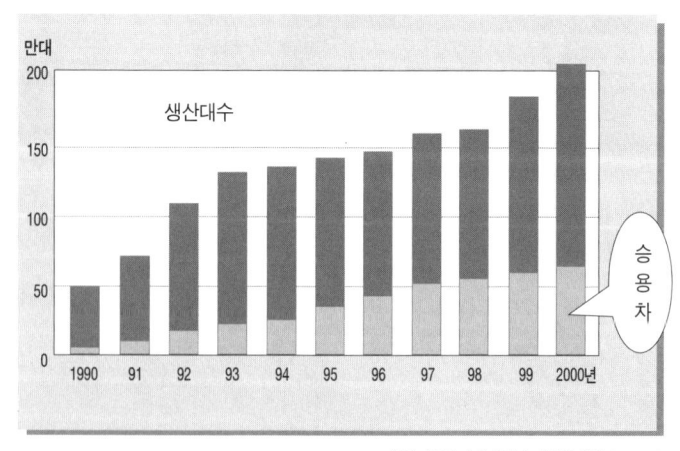

출처: 『중국경제개혁과 자동차산업』(昭和堂)

혼다의 중국시장 전략 수립을 위한 외부분석(2)

업계 분석

업계구조 : 중국의 생산성(규모) 증대와 기술 향상

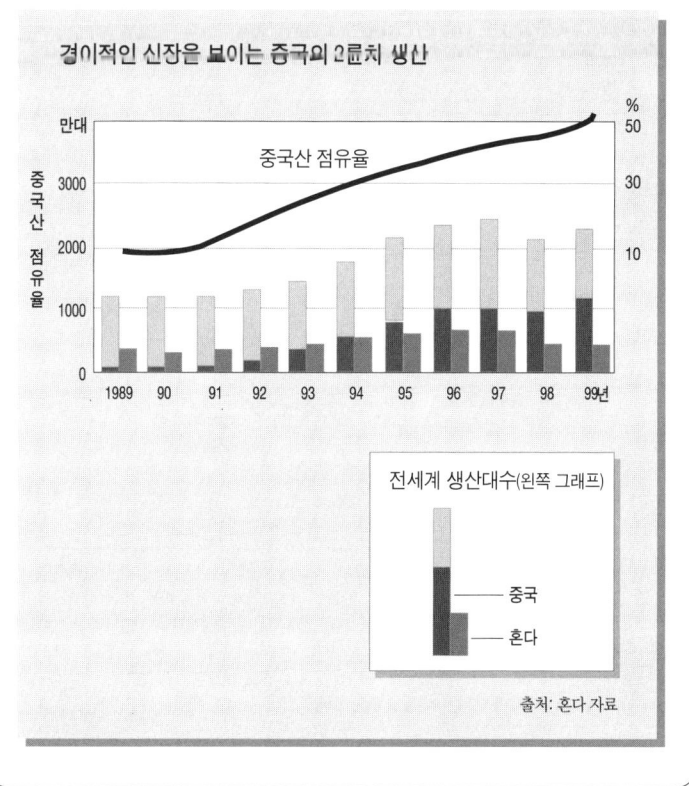

경이적인 신장을 보이는 중국의 오륜차 생산

출처: 혼다 자료

혼다의 중국시장 전략 수립을 위한 외부분석(2)

경쟁환경 경쟁업체의 잇따른 중국 진출

중국을 무대로 대경쟁시대가 시작되었다.

● 중국 진출 상황 일람표

회사명	제휴 외자기업	차종
상해(上海)	폭스바겐, GM	산타나, 뷰익
일기(一汽)	폭스바겐	제타, 아우디
신룡(神龍)	푸조 · 씨트로엥	씨트로엥
천진(天津)	다이하쯔	샬렛
북경(北京)	다임러 크라이슬러	체로키
광주(廣州)	혼다	어코드
장안(長安)	스즈끼	알토
귀주(貴州)	후지쯔	렉쿠스

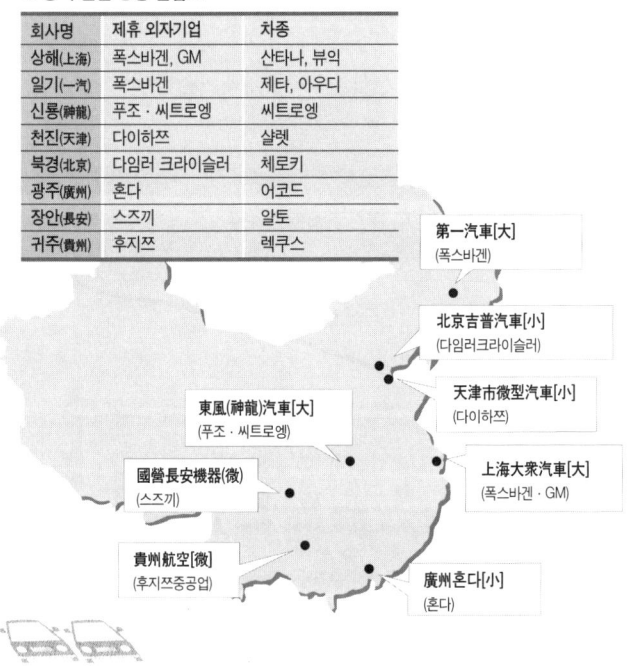

출처: 週刊東洋經濟(01/12/15)

포인트
먼저, 이러한 분석을 통해서, 규모가 크고 성장률도 높은 중국이 대단히 매력적인 시장임이 드러난다. 다음으로, 일륜치 생산 증가이 측면에서 본 때, 생산기지로서도 착실하게 힘을 얻고 있는 점, 또한 자동차업계의 경쟁사들이 잇따라 진입하고 있어 이것저것 곁눈질할 여유가 없다는 것을 알 수 있다. 물론, 금후의 전략방침에 있어서는 타사와 동일하게 가지 않기 위해서, 타사의 진입이 계속되고 있는 중국에서의 생산은 하지 않겠다는 선택도 있을 수 있을 것이다. 어느 쪽이든, 그러한 의사결정을 위한 자료로서, 이와 같은 외부분석이 필요하다.

06

목표 시장이 과연 매력적인가?
―― 5세력 분석

외부환경 분석에 있어서 산업분석을 보다 유효하게 할 수 있는 수단으로서 하버드대학의 마이클 포터 교수는 다음 5가지 경쟁요소 분석을 제안하고 있다.

1. 신규진입의 위협
2. 산업 내 경쟁자의 적대관계의 세기
3. 대체품의 위협
4. 구매자 교섭력
5. 공급자 교섭력

이들 5가지 경쟁요소가 산업의 투자수익률, 나아가 산업의 매력도를 결정한다. 비록 단순하기는 하나 이들을 순서대로 살펴봄으로써 업계의 수익구조와 특징, 경쟁 핵심요소를 파악하거나, 장래의 경쟁 변화를 예측할 수 있다.

그러나 산업의 매력도와 산업내의 경쟁적 지위는 끊임없이 변한다는 인식을 갖는 것이 그 이상으로 중요하다. 따라서 5세력 분석은 한 번 시행하고 나면 끝나버리는 것이 아니다. 현상 인식을 토대로 5세력 분석을 수행하고 거기에 따라 전략을 세웠다면, 이제 자사가 그 전략을 실시했을 때 5세력이 어떻게 변할지를 예측하여 그 변화된 미래에 대한 분석을 수행해야 한다.

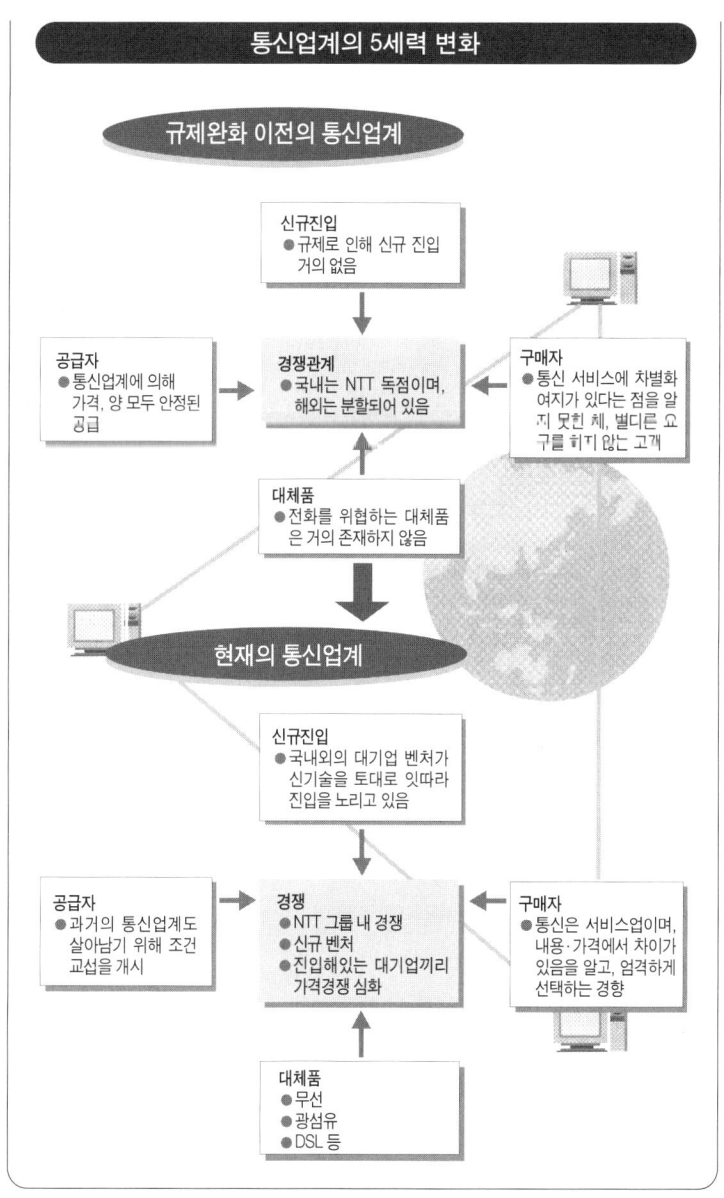

5세력 분석 방법과 체크포인트

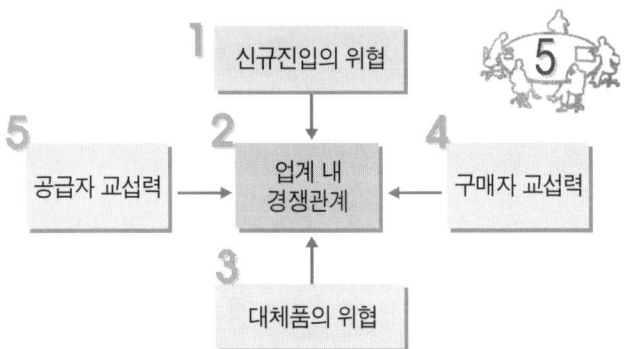

1 신규진입의 위협 : 신규진입의 위협은 진입장벽의 정도, 기존업체의 예상되는 반격의 정도에 의해서 결정된다. 진입장벽의 크기는 다음의 체크포인트로 확인한다.

- 업계 내에 규모의 경제(일정기간 동안 절대적 생산량이 증가할수록 제품 당 생산비용이 감소)가 작용하고 있는가?
- 기존기업의 제품이 차별화 되어 있는가?
- 기업의 브랜드가 구축되어 있는가?
- 거액의 투자가 필요한가?
- 기존기업의 고객이 거래처를 바꾸는 데 비용이 소요되는가?
- 유통채널(판매망)의 확보가 필요한가?
- 기존기업이 비용 면에서 우위를 가지고 있는가?
- 진입에 대한 정부의 규제가 있는가?

위의 질문에 대한 답이 '그렇다' 인 경우, 업계의 진입장벽은 높아진다. 진입장벽이 높거나, 진입자가 기존업자로부터의 강한 반발을 예상하는 경우에는, 신규진입의 위협은 낮아진다.

2 업계 내 경쟁관계 : 업계 내의 경쟁관계는 다음의 사항으로 확인할 수 있다.

- 업체 수가 많고, 비슷한 규모의 업체가 많은가?
- 업계의 성장이 느린가?
- 고정 비용이 높거나 재고 비용이 높은가?
- 제품이 차별화되어있는가?
- 구매자가 거래처를 바꿀 때 비용이 소요되지 않는가?
- 생산량을 소폭으로 증가시킬 때, 과잉 캐파 상태가 되는가?
- 경쟁자의 전략이 다양한가?
- 전략이 좋으면 성과도 커지는가?
- 철수장벽이 높은가?

위의 질문에 대한 답이 '그렇다' 인 경우, 업계 내 경쟁자 간의 적대관계가 강해진다.

5세력 분석 방법과 체크포인트

3 대체품의 위협 : 현재 상품보다 우수한 대체품으로 바뀌게 되면 그것은 장기적으로 최대의 위협이 될 것이다(램프가 전구로 대체된 결과, 램프는 이제 취미의 세계에서만 존재하게 되었다). 다음의 체크포인트로 확인한다.

- 대체품이 어느 제품에 대해서 가격 대비 성능이 우수한가?
- 대체품이 수익성이 높은 업계에 의해서 생산되고 있는가?

위의 질문에 대한 답이 '그렇다' 인 경우, 대체품으로부터의 위협은 높다고 할 수 있다. 대체품이 타 업계에 의해서 공급되고 있다면, 대체품에 대항하는 업계는 기업연합을 통해서 대체품을 공급하는 업계에 대항하지 않으면 안 된다. 해당 업계의 기업들은 품질 개선, 광고·마케팅 활동, 제품용도의 확대 등 공동 활동을 통해서 대체품 공급업계에 대항할 수 있다. 대체품에 대한 대처 방안으로서, ① 맞받아 쳐서 단호하게 대응하는 전략 ② 피할 수 없는 강적으로간주하고, 거기에 대처하는 전략이 있다.

4 구매자 교섭력 : 구매자는 가격하락을 요구하거나, 보다 우수한 품질과 서비스를 요구함으로써, 업계내의 경쟁관계에 영향을 행사한다. 구매자의 교섭력은 다음의 사항으로 체크할 수 있다.

- 구매자가 집중화되어 있고 대량으로 구입하고 있는가?
- 구매자가 구입하는 제품·서비스가 구매자의 비용과 구입품 전체에서 차지하는 비율이 높은가?
- 구매자의 구입품이 표준화된 제품이며, 차별화되어 있지 않은 것인가?
- 구매자가 거래처를 바꾸는 데 드는 비용이 낮은가?
- 구매자가 공급자의 사업에 진출할 의도를 가지고 있는가?
- 구매자의 구입품이 구매자의 제품과 서비스의 품질에 별다른 영향을 주지 않는가?
- 구매자가 충분한 정보를 가지고 있는가?
- 소비자의 구입결정에 영향력을 행사할 수 있는가? (도매업자, 소매업자의 경우)

위의 질문에 대한 답이 '그렇다' 인 경우, 구매자의 교섭력은 크다고 할 수 있다. 공급자는 구매자를 선택함으로서, 구매자의 교섭력에 대항할 수 있다.

5 공급자 교섭력 : 공급자는 가격상승과 품질 저하 등으로 구매자에 대해 교섭력을 행사한다. 구매자가 비용의 증가를 자사의 제품과 서비스에 대한 가격상승으로 보완하지 않는 경우, 공급자의 교섭력은 큰 위협이 된다. 공급자 교섭력에 대한 체크포인트는 다음과 같다.

- 공급자 업계가 소수의 유력 기업으로 구성되어 있으며, 구매자의 업계보다 더 집약적인가?
- 구매자 업계가 공급자 그룹에게 중요하지 않은 고객인가?
- 공급자의 제품이 구매자의 사업에 중요한 것인가?
- 공급자 제품이 차별화되어 있고, 다른 제품으로 바꿀 때 구매자의 비용이 증가하는가?
- 공급자가 구매자의 사업에 진출할 의도를 가지고 있는가?

위의 질문에 대한 답이 '그렇다' 인 경우, 공급자의 교섭력이 세다고 할 수 있다. 또한, 노동력도 일종의 '공급자' 로 생각될 수 있다. 위의 사항에 덧붙여서, 노동력의 조직화 정도 및 노동력의 공급을 증가시킬 수 있는지 여부도 공급자의 교섭력을 결정하는 요인이 된다.

07

자사의 경쟁우위 원천은 무엇인가?
―― 내부분석: 가치사슬분석

앞에서 외부분석에 의해 매력적인 시장을 찾는 전략적 접근법을 살펴보았다. 여기서는 내부분석을 통해서 자사가 가진 경쟁력의 원천을 찾는 툴로서 마이클 포터 교수가 제안했던 가치사슬(value chain)을 소개하도록 한다.

가치사슬은 제품이나 서비스가 최종고객에게 도달하기까지의 부가가치의 사슬을 가리키는 것이다. 자사의 부가가치 프로세스를 개별적으로 평가하여, 타사와 비교해서 우월한 곳(경쟁우위의 원천) 또는 열등한 곳이 어디인가를 명확하게 하는 것이다.

가치사슬은 특정 사업이 만들어내는 부가가치 전체를 표시하고 거기에 이익을 더한 것이다. 가치를 창출하는 활동에는 본원적 활동과 지원활동이 있고 각각의 요소는 다음 그림(P. 44~45)과 같다. 다만, 어느 것을 본원적 활동으로 하고 어느 것을 지원활동으로 할지, 또한 각

활동의 순서 등은 각 사업마다 다소 다르다는 점도 염두에 두어야 한다. 가치사슬은 기업전체를 대상으로 하기보다는 각각의 사업을 대상으로 하는 것이 더 적절하다.

도요타의 가치사슬을 보면, 프로세스 하나하나가 경쟁력의 원천이 되며, 나아가 전체가 훌륭하게 조화되어 있다는 것을 알 수 있다.

가치사슬

기업의 경쟁우위를 살펴보기 위해서는 각각의 주요활동이 어느 정도의 부가가치를 창출하고 있는지를 분석해야 한다.

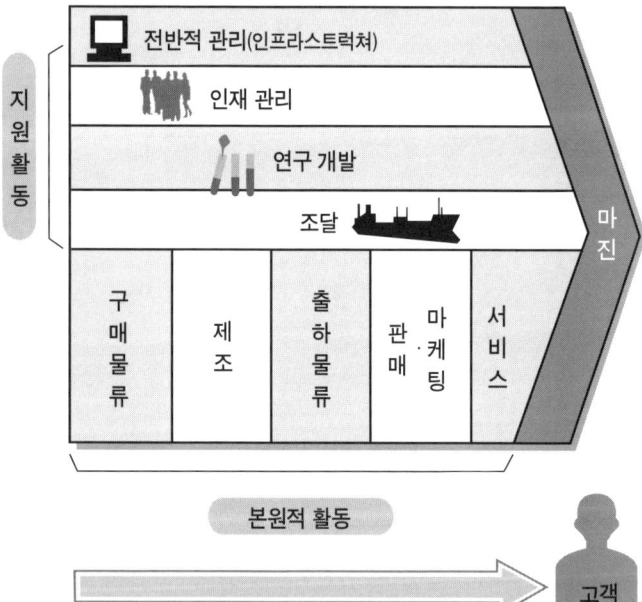

각각의 본원적 활동이 창출하는 부가가치가 최종적으로 고객까지 전달되는 사슬을 가치사슬이라고 한다.

출처: 마이클 포터, 『경쟁우위의 전략』

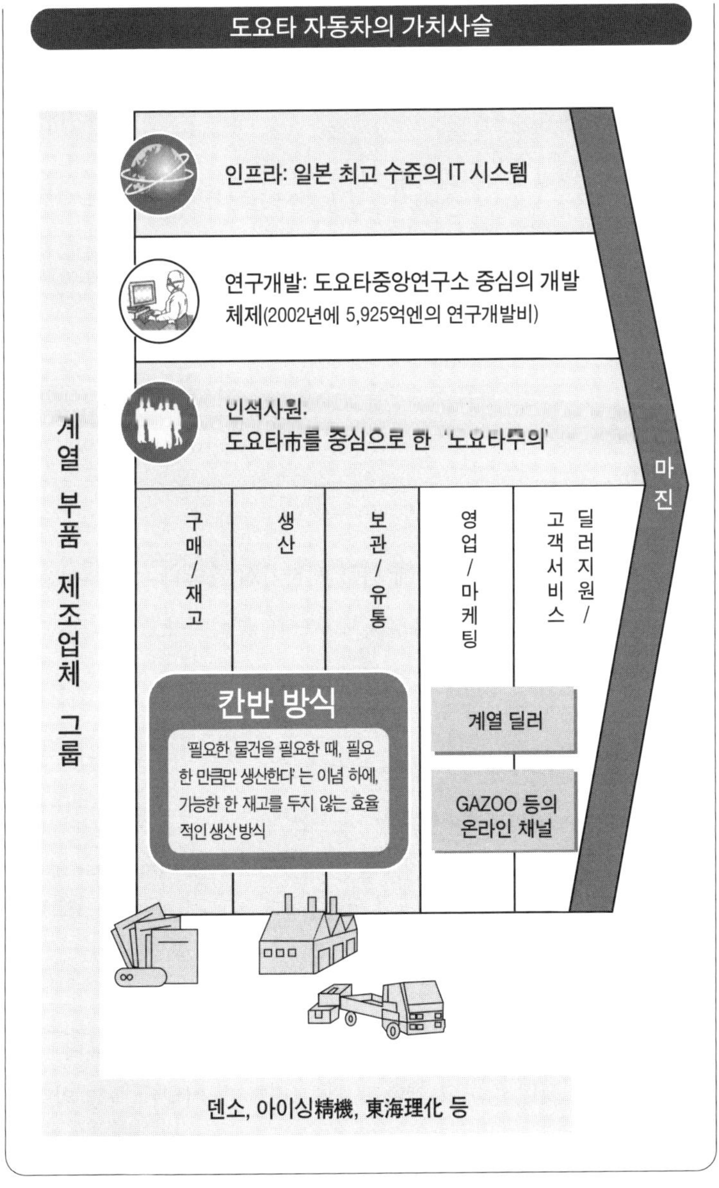

도요타 자동차의 가치사슬

인프라: 일본 최고 수준의 IT 시스템

연구개발: 도요타중앙연구소 중심의 개발 체제(2002년에 5,925억엔의 연구개발비)

인적자원: 도요타市를 중심으로 한 '노요타주의'

| 구매/재고 | 생산 | 보관/유통 | 영업/마케팅 | 딜러지원/고객서비스 |

계열 부품 제조업체 그룹

마진

칸반 방식
필요한 물건을 필요한 때, 필요한 만큼만 생산한다는 이념 하에, 가능한 한 재고를 두지 않는 효율적인 생산 방식

계열 딜러

GAZOO 등의 온라인 채널

덴소, 아이싱精機, 東海理化 등

PART II. 전략

08

강점과 약점을 철저하게 밝혀라
―― SWOT 분석

지금까지 살펴본 외부분석에 의한 시장기회 파악과 내부분석을 통한 자사의 강·약점 규명을 총칭해서 SWOT 분석이라고 한다. SWOT 분석은 분석의 프로세스에 그 의미가 있다.

> 📖 **SWOT 분석**
>
> 내부환경 분석에 의해 도출된 강함(Strength)과 약함(Weakness), 외부환경 분석을 통해 파악된 기회(Opportunity)와 위협(Threat)의 머리글자를 따서 SWOT 분석이라고 한다. SWOT 분석은 경영환경 파악과 전략 수립을 위해 대단히 유효한 분석 기법이다.

먼저, 생각나는 대로 모든 항목을 SWOT 축에 적는다. 그리고 그 각각의 항목이 정말 강하고 약한지, 왜 그러한지, 어떻게 하면 약함을 강함으로 전환시킬 수 있는지, 강하다고 평가된 항목에 대한 판단은 과연 타당한지 등을 논의한다.

자사의 강점과 기회가 중요하게 작용하는 것이 최대의 기회, 자사의 약점과 위협이 중요한 요소가 되는 것이 최대의 위협이 된다.

외부환경을 정확하게 파악하여, 자사의 강점을 활용하고 약점을 극복할 수 있는 전략을 세워야 한다.

▶ SWOT 분석에 의한 전략

	기회(Opportunity)	위협(Threat)
강점 (Strength)	1 자사의 강점을 활용하여 우위에 서게 하는 사업은 무엇인가? (최대의 기회)	2 자사의 강점을 이용하여 위협을 물리치고 이길 수 있는 방법은 없는가? 타사에 대해서는 위협으로 작용하지만, 자사의 강점을 이용하여 그 위협을 기회로 바꿀 수는 없는가?
약점 (Weakness)	3 자사의 약점을 개선하여 기회를 만드는 것이 가능한가?	4 최악의 사태를 회피하는 방법은 무엇인가?(최대의 위협)

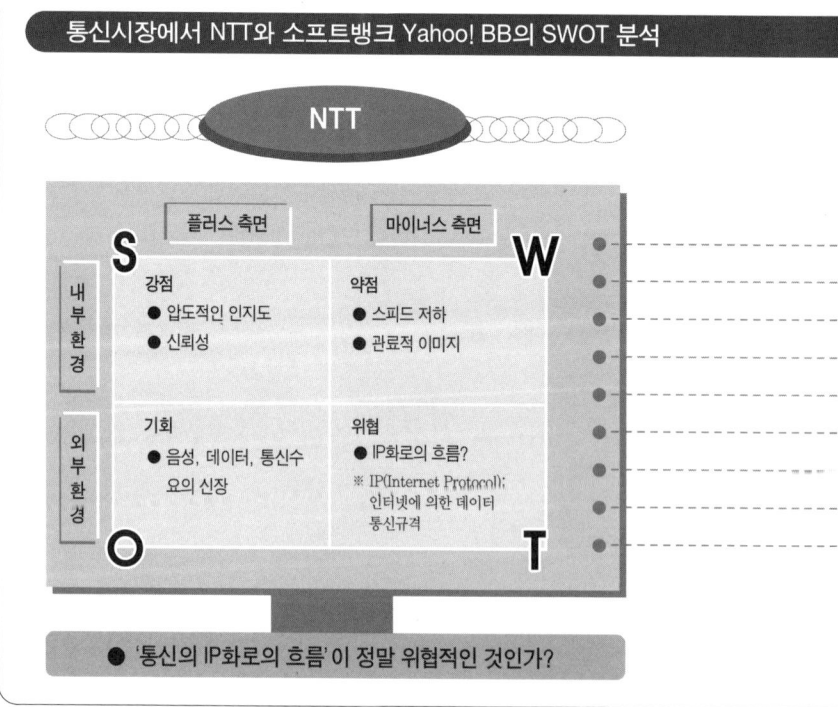

통신시장에서 NTT와 소프트뱅크 Yahoo! BB의 SWOT 분석

NTT

	플러스 측면	마이너스 측면
내부환경	**S** 강점 ● 압도적인 인지도 ● 신뢰성	**W** 약점 ● 스피드 저하 ● 관료적 이미지
외부환경	**O** 기회 ● 음성, 데이터, 통신수요의 신장	**T** 위협 ● IP화로의 흐름? ※ IP(Internet Protocol); 인터넷에 의한 데이터 통신규격

● '통신의 IP화로의 흐름'이 정말 위협적인 것인가?

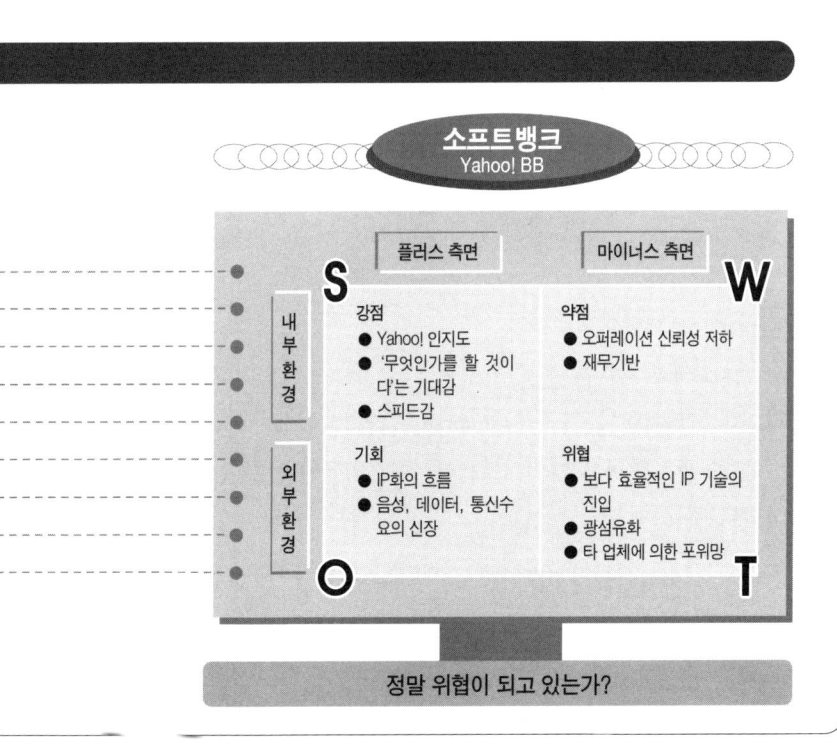

PART II. 전략 49

09

차별화와 집중으로 최고를 겨냥하라
—— 마이클 포터의 3가지 전략

지금까지 외부환경 분석, 내부환경 분석, 경쟁 5세력 분석을 통한 전략분석 기법과, SWOT 분석에 의한 기본적인 전략수립 방법을 소개했다. 여기서는 마이클 포터의 3가지 기본전략을 소개하도록 하겠다.

① 비용우위(Cost leadership) 전략

비용우위 전략은 타사보다 낮은 가격으로 제품과 서비스를 제공하는 전략이다. 그 예로서 '도토루(Doutor) 커피'를 들 수 있다. 원가가 1잔에 약 100엔인 커피를 다른 곳에서는 약 250엔에 팔고 있지만 도토루 커피는 180엔에 팔고 있다.

비용우위 전략을 취하기 위해서는 거액의 초기투자, 공격적인 가격 정책, 시장점유율 확보에 수반되는 초기 적자에 대응할 각오가 요구된다. 높은 시장점유율을 확보할 수 있다면 대량 매입이 가능하고, 따라서 원가 절감이 가능해진다. 저비용을 실현할 수 있으면 이익률이 높아지고, 축적된 이익으로 새로운 설비와 재투자를 함으로써, 또다시 비용우위를 유지할 수 있게 된다.

② 차별화 전략

차별화 전략은 업계에서 특수하다고 인정될만한 무엇인가를 창조하는 전략이다. 차별화의 종류로서는 상품설계와 브랜드 이미지 차별화, 기술 차별화, 상품특징 차별화, 고객서비스 차별화, 유통 네트워크 차별화 등이 있다. 여러 가지 측면에서 차별화는 바람직한 전략이 된다.

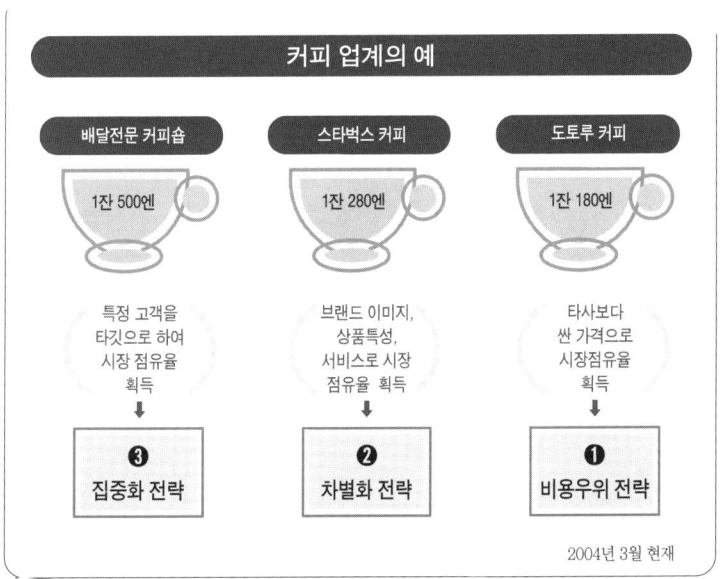

커피체인 업계에서는 스타벅스 커피가 차별화의 예가 된다. 스타벅스 커피는 업계 평균보다 높게 커피 한 잔에 280엔을 받고 있지만, 브랜드 이미지와 상품특성, 그리고 고객 서비스 등에서 차별화에 성공했다.

차별화에 성공한 기업은 고객으로부터 브랜드 충성도를 확보할 수 있게 된다. 또한, 고객이 가격에 민감하지 않기 때문에 타사에 대해 진입장벽을 구축할 수도 있다. 이처럼 차별화 성공은 산업 평균 이상의 수익을 약속해준다. 한편, 차별화가 극단적으로 진행되면 일부 특정 시장만을 대상으로 하게 됨으로써, 시장점유율의 확보가 어려워질 가능성도 배제할 수 없다.

③ 집중화 전략

집중화 전략은 특정 구매자 그룹, 상품, 지역 등에 경영자원을 집중시키는 전략이다. 비용우위 전략과 차별화 전략이 넓은 범위의 타깃을 목표로 하는데 반해서, 집중화 전략은 특정한 타깃을 목표로 한다.

집중화 전략의 예로서는 비즈니스맨들을 대상으로 하여 업계 평균보다 훨씬 높게 커피 한 잔에 500엔으로 배달을 하는 커피숍과 기차역의 커피점을 들 수 있다. 집중화 전략에서는 대체품의 공세에 대해 가장 확실한 타깃과 동종업계 타사의 가장 약한 고객층을 목표로 할 수 있다. 다만 집중화 전략은 수익성과 매출 균형의 측면에서 전반적인 시장점유율 확보에 제약을 초래할 수도 있다.

자동차 업계의 3가지 전략 유형

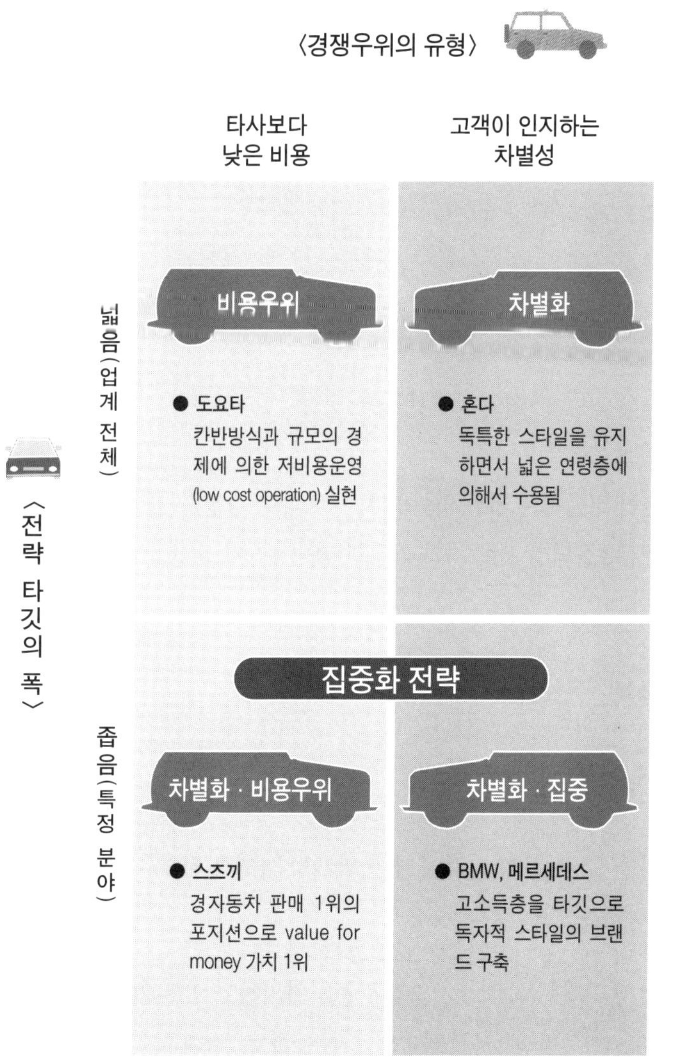

⟨경쟁우위의 유형⟩

	타사보다 낮은 비용	고객이 인지하는 차별성
넓음(업계 전체)	**비용우위** ● 도요타 칸반방식과 규모의 경제에 의한 저비용운영 (low cost operation) 실현	**차별화** ● 혼다 독특한 스타일을 유지하면서 넓은 연령층에 의해서 수용됨
좁음(특정 분야)	**차별화 · 비용우위** ● 스즈끼 경자동차 판매 1위의 포지션으로 value for money 가치 1위	**차별화 · 집중** ● BMW, 메르세데스 고소득층을 타깃으로 독자적 스타일의 브랜드 구축

⟨전략 타깃의 폭⟩

집중화 전략

PART II. 전략

10

공세를 펼칠 것인가? 방어를 할 것인가?
── 경쟁포지션의 4가지 유형

필립 코틀러는 기업 역할의 차이에 따라 경쟁 포지션을 유형화하고 시장점유율의 순서에 따라 다음과 같이 4가지 유형을 제시했다.

1	리더(leader)
2	도전자(challenger)
3	추종자(follow)
4	니치 플레이어(nicher)

이들 4가지 유형 각각에 대한 마케팅 과제와 전략은 다음과 같다.

① 리더

마켓 리더는 최대의 시장점유율을 차지하고 있는 기업이다. 일반적으로는 가격변경, 신제품도입, 유통망확보, 판매촉진 등에서 시장을 리드하는 입장에 서있다. 경쟁사의 입장에서는 도전목표이자 모방 대상이 되며, 정면적인 경쟁은 피해야 할 대상이다.

리더의 목적은 리더의 지위를 유지하는 것이다. 이를 위한 구체적인 방법은 다음 3가지이다.

A. 총시장규모 확대
- 시장침투 전략, 신시장개척 전략, 지역확대 전략에 의해 신규 고객을 창출한다.
- 정기적인 마케팅 리서치에 의해서 새로운 용도를 발견/확대한다.
- 사용빈도와 사용량을 증대시킨다.

B. 시장점유율 유지
- 경쟁사로부터의 공격에 대비하여 기존사업의 방어에 힘쓴다.
- 방어책으로서 진지방어, 측면방어, 선제방어, 반항방어, 이동방어, 축소방어 등이 있다.

C. 시장점유율 확대
- 시장점유율을 확대하여 수익률을 향상시킨다.

② 도전자

도전자는 업계 2~3위의 기업이다. 비록 리더기업보다 규모가 작다고는 해도, 상당한 규모를 갖춘 기업이다. 도전자의 목표는 수익성을 높이기 위해 시장점유율을 확대하는 것이다. 이를 위한 3가지 구체적인 방법은 다음과 같다.

A. 리더를 공격
B. 힘이 약한 동일 규모의 기업을 공격
C. 중소 규모의 지방 기업을 공격

공격대상과 목표가 정해지면 공격 전략을 선정한다. 공격 전략으로서는 정면공격, 측면공격, 포위공격, 우회공격, 게릴라공격 등이 있다.

③ 추종자

혁신적인 기업은 신제품개발, 유통, 정보제공, 소비자교육 등 상당한 지출을 부담하는 대가로서 시장에서 리더십을 차지한다. 그런데 타 기업이 신제품을 모방, 또는 개량하여 시장에 진입하면 리더 기업을 추월하지는 못한다 할지라도, 이노베이션 비용을 필요로 하지 않기 때문에 고수익 실현이 가능하게 된다. 이것이 추종자이다.

추종자는 리더를 그대로 모방하는 존재는 아니다. 자신이 성장해 갈 길(궤도)을 명확하게 하고, 강력한 보복을 불러들이지 않도록 행동한다.

④ 니치 플레이어(Niche player)

틈새시장을 노리는 니치 플레이어는 니치시장(틈새시장)을 대상으로 전문화되어 있는 기업이다. 고객그룹을 분명하게 파악하여, 다른 기업보다 고객의 니즈에 잘 대응함으로써 높은 수익을 달성할 수 있다. 니치 플레이어의 기본은 전문화이다. 최근 들어 압도적인 리더가 존재하는 산업의 숫자가 감소되어 가는 추세이기는 하나, 기본적으로 이것은 효과적인 유형이라고 할 수 있다.

> **이상적인 니치의 특성**
>
> - 수익을 창출할 수 있을 만큼의 규모와 구매력을 지니고 있다
> - 잠재력이 있다
> - 대기업이 그다지 관심을 두지 않고 있다
> - 해당 니치시장에 효과적으로 대응할 수 있는 스킬과 자원을 보유하고 있다
> - 대기업의 진입을 방지할 수 있을 정도의 장벽을 갖고 있다.

 컴퓨터 OS 업계에는 마이크로소프트가 압도적인 리더로서, 도전자였던 애플이나 이전의 리더였던 보러스까지 모두 삼켜버리고 말았다. 이제는 OS 업계에서 도전자의 지위를 갖는 쪽은 리눅스 정도 밖에 남지 않은 상태이다. 업계 리더의 움직임으로서 마이크로소프트를 볼 때, 비교적 코틀러의 이론에 부합되는 행동을 하고 있다고 할 수 있다.

 그러나 어느 정도의 시장점유율을 획득한 이후에는 독점금지법 등과 같은 정부의 대응에 유의해야 한다.

자동차 업계의 경쟁지위 유형

도요타 자동차	닛산 자동차	혼다기연공업(本田技硏工業)
매출액 15조 1,062억엔(2002.3 연결) 8조 2,849억엔(2002.3 단일)	**매출액** 6조 1,962억엔(2002.3 연결) 3조 1,98억엔(2002.3 단일)	**매출액** 7조 3,624억엔(2002.3 연결) 3조 2,111억엔(2002.3 단일)
최종이익 6,158억엔(2002.3. 연결) 4,702억엔(2002.3. 단일)	**최종이익** 3,722억엔(2002.3 연결) 1,834억엔(2002.3 단일)	**최종이익** 3,627억엔(2002.3 연결) 1,349억엔(2002.3 단일)
종업원수 24만 6,702명(그룹) 6만 6,820명(도요타)	**종업원수** 11만 1,861명(그룹) 3만 365명(닛산)	**종업원수** 12만 600명(그룹) 2만 8,500명(혼다)
종업원 평균연봉 794만 6,000엔(도요타)	**종업원 평균연봉** 674만엔(닛산)	**종업원 평균연봉** 765만 8,000엔(혼다)
연구개발비 5,925억엔(그룹)	**연구개발비** 2,317억엔(그룹)	**연구개발비** 3,951억엔(그룹)
자동차 이외의 사업 금융 　매출 6,933억엔(그룹) 기타 　매출 8,194억엔(그룹) 　주택설계, 제조판매 등	**해외 판매 자동차 브랜드명** 써니(SUNNY) → 센트라 블루버드 → 아르티마 마치 → 마이크라 닷산(DATSUN) → 프론티어	**자동차 이외의 사업** 2륜차 　매출 9,479억엔(그룹) 기타 　매출 5,031억엔(그룹) 　금융서비스, 모터스포츠경기의 흥행·운영·관리, 가정용 소형경운기 등
특기사항 리크루트와 공동출자로, 제조업대상의 컨설팅회사인 OJT Solutions 설립	**특기사항** NTT 도꼬모와 공동으로 자동차를 운전하면서, 음악·뉴스 등을 수신할 수 있는 차세대 자동차용 정보 서비스 개발	**특기사항** 나고야대학과 공동으로 벼의 키를 낮추는 유전자를 해명하는 등 식물유전자 연구에 착수

(02. 3. 결산)

↓ 리더　　↓ 도전자인가? 추종자인가?　　↓ 차별화된 도전자

출처: 비즈니스리서치 재팬, 『도해·업계 지도를 한 눈으로 알 수 있는 책』(三笠書房)

PART II 전략
STRATEGY

PART III

마케팅 MARKETING

11_ 마케팅 믹스란 무엇인가? — 마케팅 4P

12_ 외부환경의 변화에 어떻게 대응할 것인가?
   — PEST 분석

13_ 목표고객을 확실하게 구별하라
   — 세그멘테이션/타기팅/포지셔닝

14_ 가장 효율적인 조합을 생각하라 — 마케팅 믹스

15_ 고객은 무엇을 요구하는가? — 제품(내용물과 패키지)

16_ 가격설정 방법에서 큰 차이기 발생한다 — 가격

17_ 잠재적 고객을 발굴하라 — 판매촉진

18_ 유통을 지배하는 쪽이 시장을 지배한다 — 채널

19_ 브랜드의 위력을 무시하지 마라 — 제품-브랜드

20_ 결과가 잘못되면 처음의 전제로 돌아가라
   — 마케팅 순환 분석

> 66 마케팅은 대단히 복잡한 개념이며, 아주 넓은 범위의 사람과 조직의 활동에 관련된 것이다. 마케팅은 개인의 생활과 조직(영리·비영리)의 활동에 의해서 '가치가 있는' '재화'를 생산하고, 그 '유통'을 '촉진'하는 일련의 순환적 활동이라고 할 수 있다. 99

Master of Business Administration

하버드·MIT도 부럽지 않은
FAST **MBA**

II

마케팅 믹스란 무엇인가?
—— 마케팅 4P

마케팅의 역할은 자사의 고객을 찾아내어 그 고객의 니즈와 기업(의 각 부문)을 연결하는 것이다.

관계마케팅(고객유지형)이나 원-투-원 마케팅 등 다양한 마케팅 개념이 소개되어 있지만, 마케팅의 기본은 앞에서 이야기했듯이 고객의 니즈를 지속적으로 정확하게 만족시키는 것이다. 이를 위한 전형적인 마케팅 프로세스는 다음과 같다.

① 마케팅 환경분석
② 목표 시장 고객 선정
③ 마케팅 믹스의 최적화

이 프로세스의 핵심은 이것이 항상 '순환한다(spiral)'는 것이다. 이것을 마케팅순환 분석이라고 한다.

마케팅은 대단히 복잡한 개념이며, 아주 넓은 범위의 사람과 조직의 활동에 관련된 것이다. 마케팅은 개인의 생활과 조직(영리·비영리)의 활동에 의해서 '가치가 있는' '재화'를 생산하고, 그 '유통'을 '촉진'하는 일련의 순환적 활동이라고 할 수 있다. 여기서 핵심은 다음의 4가지이다.

1. 이러한 활동에서 취급되는 '재화'라는 것은, 제품과 서비스 외에도 개념, 아이디어, 인간, 조직, 장소, 공간 등 다양한 것을 대상으로 한다.
2. 재화는 개인과 조직에 있어서 '가치가 있는' 것이어야 한다. 개인과 조직이 필요로 하거나 원하는 것이어야 한다는 의미이다. 대부분의 경우에 이 가치는 '가격'으로서 표시될 수 있다. 또한, 가치의 요소로서 '품질'이 있다. 이것은 개인과 조직의 니즈를 어느 정도로 만족시킬 수 있는지에 대한 기준이 된다. 이 품질의 개념은 앞에서 이야기한 재화의 개념에 포함된다.
3. '유통'이라는 것은 시장, 진열장, 인터넷상의 가상공간 등 광범위한 의미로서의 '시장'이고, 재화가 교환, 또는 거래되는 곳이다. 많은 경우, 재화와 금전이 물리적, 또는 계약에 의해 교환된다.
4. 재화의 유통은 마케팅의 주체가 되는 개인과 조직이 각각의 목적을 달성하기 위해 '촉진'된다. 영리기업은 제품의 매출을 확대하기 위해서 재화의 판매촉진을 도모한다. 한편 정부는 예를 들어, 마약 근절을 위한 메시지 같은 것이 국민에게 널리 전달되도록 한다.

조금 단순화하면 마케팅은 다음 4가지 요소를 최적화하여, 개인과 조직이 각각의 목적을 달성하려고 하는 지속적인 활동이다. 이들 4가지 요소가 마케팅 **4P**이다.
- 재화·제품(product)
- 가치·가격(price)
- 유통(place)
- 촉진활동(promotion)

마케팅 연구의 제1인자인 필립 코틀러는 마케팅을 다음과 같이 정의한다.

> 📖 **코틀러의 정의**
> 마케팅은 가치를 창조하여 제공하고, 타인과의 교환을 통해서 개인과 집단이 필요로 하고 요구하는 재화를 획득하는 사회적, 경영적 과정이다.

코틀러는 마케팅의 출발점은 인간의 니즈(needs, 필요)와 욕구(want)라고 한다. 한편, 미국마케팅협회는 다음과 같이 마케팅을 정의하고 있다(1985년).

> 📖 **미국 마케팅협회의 정의**
> 마케팅은 개인과 조직의 목적을 만족시키는 교환을 창출하기 위한 아이디어·재화·서비스의 개념 수립, 가격설정, 프로모션, 유통을 기획하고 실행하는 과정이다.

이 책에서는 일본의 대표적 맥주회사인 기린맥주주식회사(1907년 창업, 종업원수 22,174명, 매출 1조 280억엔)의 발포주 「고꾸나마(極生)」를 예로 들어 설명하겠다.

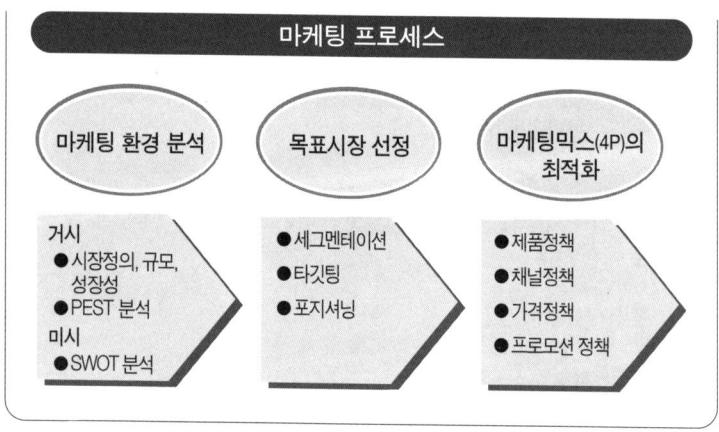

12

외부환경의 변화에 어떻게 대응할 것인가?
—— PEST 분석

    마케팅 환경 분석에서는 우선 해당 시장의 규모와 성장성, 그리고 그 시장이 어떻게 구성되어 있는지를 파악한다. 그 다음에 거시환경과 경쟁환경 및 분석 대상 기업에 관련된 제반 항목을 분석한다.

    제일 먼저 해야 할 일은 해당 시장을 정의하는 일이다. 당연히 자사나 또는 자사의 상품이 어떤 시장에 속해있는지를 살펴보아야 하지만, 의외로 동일한 회사 내에서도 이 점에 대한 인식이 각양각색인 경우가 많다. 시장에 대한 정의가 빗나가면, 그 이후의 분석에 오류가 생길 수밖에 없다.

    시장의 정의가 이루어지고 나면, 시장규모를 가능하면 양과 금액이라는 두 가지 측면에서 파악한다. 그리고 과거 성장성을 살펴보고, 시장 침투의 수준 등을 토대로 그 성장성을 예측한다. 그 다음에는 외부환경에서 거시환경을 살펴본다. 거시환경을 분석하기 위해 유용한 프레임워크가 PEST 분석이다.

> 📖 **PEST 분석**
>
> 정치(politics), 경제(economics), 사회(social), 기술(technology)의 머리글자를 취한 것으로서, 각각의 측면에서 분석을 수행한다.

그러면 다음의 요인이 어떤 영향을 미치는지를 순서대로 살펴보기로 하자.

① politics: 정치·법률 환경(예: 환경법)

다양한 환경법이 생기면, ISO14001등을 다루는 환경컨설턴트와 소음·수질 측정을 시행하는 기업, 또는 해당 측정기 제조업체 등이 비즈니스 기회를 얻게 된다. 그러나 반대로, 그 동안 환경 대책에 소홀했던 화학공장 등은 측정기기와 환경대책을 위한 설비부족 등으로 인해 불리한 상황에 처하게 된다.

② economics: 경제 환경(예: 엔高)

엔화 강세가 기업에 미치는 영향은, 수입업체에게는 기회가 되지만 수출업체에게는 위협이 된다.

③ social: 사회 문화 환경(예: 맞벌이 부부 증가)

맞벌이 부부의 증가는 외식산업이나 편의점 등에게는 기회가 되지만, 상품구색이 적고 영업시간도 짧은 개인상점에는 위협이 된다. 또한 인구통계학적으로 볼 때, 자녀 수가 줄고 고령화의 진전이라는 환경변화는 노인을 대상으로 하는 복지사업에는 기회로 작용하지만, 어린이 대상의 교육사업에게는 위협으로 작용한다.

④ technology: 기술 환경(예: 인터넷의 보급)

인터넷 기술의 영향은 통신기술을 갖추고 'IT化'로의 대응에 적극적인 기업에게는 다양한 기회를 가져다 주지만, 구태의연한 기업과 IT화에 대한 투자를 등한시했던 기업에게는 미처 깨닫지 못하는 사이에 시장점유율을 잃게 만드는 위협이 된다.

경쟁환경 분석에서는 앞의 전략 파트에서 설명한 5세력 분석 등을 적용하여 경쟁상대는 누구이고, 그들은 어떤 능력과 전략을 가지고 있는지를 확인한다. 고객 분석을 위해서는, 핵심구매요소(key buying factor: 고객의 구입 이유)의 관점에서 고객의 속성을 분석한다.

기린 「고꾸나마(極生)」 발매시(2002.2) 일본 맥주시장 환경분석

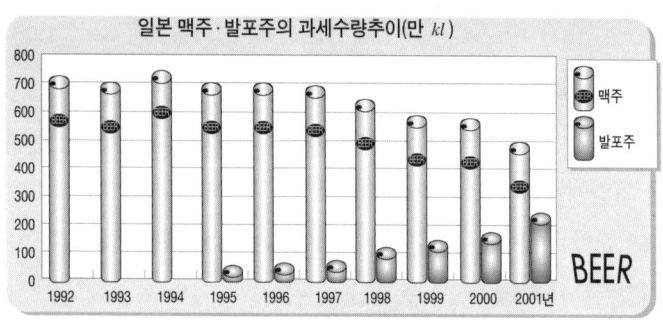

주력사업으로서, 지금까지 50% 가까운 시장점유율을 차지하고 있는 기린맥주이지만, 90년대를 거치면서 맥주 자체의 소비량이 감소하고, 그 대체품으로서 발포주가 현저한 신장을 보이고 있다. 2001년에는 드디어 발포주가 맥주 소비량의 45%까지 성장하는 등 비상하게 중요한 시장이 되었다.

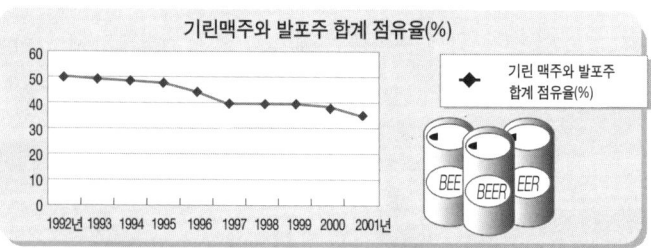

맥주 전체시장 점유율에서도 기린은 추락하고 있음을 보이고 있다. 1992년에는 50% 가까웠던 점유율이 2001년에는 30%대로 추락했다. 발포주의 점유율은 40%대로 건투하고 있다.

거시 환경	PEST 분석
정치(Politics)	맥주에 대한 주류세가 41.7%임에 비해 발포주는 15.9%로서, 구조적으로 발포주가 저렴하게 제공될 수 있는 구조
사회(Social)	인구동태적으로 보면 젊은 연령층이 알코올에서 이반하는 일이 진행되고 있고, 금후 폭발적으로 맥주소비가 증가할 것으로 기대하기는 어려움
경제(Economics)	불황이 지속되고 있으며, 고급품과 저가품의 양극화 현상이 나타남

경쟁상황	경쟁사들도 '매그넘드라이' 등 매력적인 발포주 상품의 라인업을 충실히 하고 있음
분석	성장 세그먼트인 발포주에 주력, 기린 「단레이」이외, 간판격인 발포주가 라인업되지 않고 있기 때문에 「단레이」의 강화와 더불어 새로운 발포주 제품이 필요함

13

목표고객을 확실하게 구별하라
── 세그멘테이션/타기팅/포지셔닝

시장세분화, 타깃팅, 포지셔닝은 마케팅에 흔히 등장하는 중요 용어들이지만, 의외로 애매하게 사용되고 있는 경우가 많다.

> 📖 **시장세분화(Segmentation)**
> 마케팅 전략상 동질적이라고 생각되어도 지장이 없다고 판단되는 집단(시장 세그먼트)으로 시장을 분해하는 것

왜 시장세분화를 하는 것일까? 그 이유는 시장을 세그먼트로 나누지 않은 채, 모든 사람의 니즈를 만족시키는 제품을 제공하기란 어려운 일이기 때문이다. 재화가 풍부한 현대 사회에서는 소비자의 욕구가 고도화, 다양화되어 있다. 그러한 니즈를 전부 만족시키는 제품을 제공하려고 하면, 오히려 개념이 불명확해지고 소비자의 소구효과도

감소하게 된다.

만약 모든 고객의 니즈를 충족시키는 제품을 제공하려고 한다면 커스터마이징에 엄청난 비용이 들게 되고 따라서 막대한 가격의 상품이 되고 말 것이다 (물론, 델 모델처럼 커스터마이징과 비용 사이에 훌륭한 타협을 보여주는 예도 있기는 하다). 그러므로 시장세분화를 통해서 공통의 니즈와 유사한 구매 패턴을 지닌 고객집단으로 시장을 분할하고 거기에 대응하는 편이 보다 효율적인 마케팅을 가능하게 한다.

여기서 문제가 되는 것은 어떤 축(시점)에서 시장을 분할하는가 하는 점이다. 일반적으로 흔히 사용되는 변수에는 다음과 같은 것들이 있다.

- 지리적 변수(지방, 기후, 인구밀도 등)
- 인구동태적 변수(연령, 성별, 가족구성, 소득, 직업 등)
- 심리적 변수(라이프스타일, 성격 등)
- 행동 변수(편리성, 사용율 등)
- 제품 사용 패턴(애플리케이션, 최종 사용자 등)

세분화의 목적은 단순히 시장을 세분화하는 것이 아니라, 자사에 있어서 가장 매력적인 시장 세그먼트가 어디인지를 알아내는 것이다. 이를 다음 4가지 조건(4R)에서 체크할 수 있다.

① 우선순위(Rank): 각 목표 고객층을 중요도에 따라 구분할 수 있는가?
② 측정가능성(Response): 해당 시장 세그먼트의 고객 반응을 측정/

분석할 수 있는가? 그 반응은 어떠한가?
③ 유효규모(Realistic): 해당 고객층이 충분한 매출·이익을 예상할 수 있을 만큼의 규모가 되는가?
④ 도달가능성(Reach): 시장 세그먼트에게 효과적으로 도달할 수 있는가? 여기에는 커뮤니케이션 도달과 상품 서비스의 도달이라는 2가지 의미가 있다.

> 📖 **타기팅**
> 규모·성장성·경쟁 등의 관점에서 자사에 유리한 목표 세그먼트를 정하는 것

세분화에 의해 각 시장 세그먼트의 특성이 판명되고 나면, 자사가 진정으로 목표로 해야 할 세그먼트를 찾아내야 한다. 얼핏 보기에 매력적인 세그먼트라고 해도, 그것이 최고의 타깃이 되는 것은 아니다. 코틀러에 의하면 타기팅에는 다음 3가지 접근법이 있다.

① 비차별화 마케팅: 단일제품과 마케팅 믹스(가격·프로모션·채널)로 시장의 전체 또는 최대의 세그먼트를 표적으로 하는 매스마케팅 방법.
② 차별화 마케팅: 다수의 세그먼트에 대해 각각 다른 제품과 마케팅 믹스로 대응하는 방법.
③ 집중화 마케팅: 특정 세그먼트(규모면에서 가장 큰 세그먼트가 아닌 경우가 많음)에 전체 경영자원을 집중시켜 독자적인 지위를 구축

하는 전략. 기업의 체력이 약할 때 흔히 사용된다.

> 📖 **포지셔닝**
>
> 목표 고객의 머리 속에서 다른 상품과 차별화된다고 인지되는, 명확하게 가치 있는 제품 이미지를 만드는 활동.(본래 포지셔닝에는 기업·사업·제품의 3단계가 있지만, 여기서는 마케팅 전략상 중요한 제품 포지셔닝만을 대상으로 함)

포지셔닝에는 동일한 고객 세그먼트 안에 경쟁제품에 비해 상대적으로 매력적인 것으로 자리매김하는 방법과, 경쟁사와의 충돌을 피할 수 있도록 포지셔닝하는 방법이 있다. 경쟁에서 승리하는 것도 중요하지만, 경쟁을 피해 충분한 이익을 얻을 수 있다면, 그쪽이 보다 우수한 전략이 된다.

기린맥주는 원래 「라거」라는 초대형 상품을 비차별화 마케팅으로 제공해왔지만, 맥주업계의 세력변화와 함께 차별화 마케팅 전략으로 전환하여, 각 세그먼트에 맞춘 제품을 제공하는 풀라인업 체제를 갖추었다.

그런데 기린맥주는 저가격이 주류인 발포주 세그먼트를 한 층 더 뛰어넘어, '기존의 발포주보다 저렴한 가격, 마시기 쉬움'에 대한 니즈가 발포주 고객층에서 최대의 세그먼트라고 예상히었고, 「고꾸나마」는 바로 이 고객층을 타깃으로 출시되었다.

기린 「고꾸나마(極生)」의 세그멘테이션과 포지셔닝

기린 「고꾸나마(極生)」의 포지셔닝

'극히 마시기 쉬운 발포주'

고객이 발포주에 대해 기대하는 '마시기 쉬움'에 대응하기 위해서, 재료와 제조법을 처음부터 재검토했다. 「고꾸나마」는 목마름을 해소하는데 있어서, 최적의 개운한 미각을 실현시킨 상품이다.

출처: 기린 보도자료

↑

기린 「고꾸나마」의 세그멘테이션

발포주에 대해서, '맛'과 '가격(발포주 세그먼트 내에서도 한층 더 저렴한 가격)'을 원하는 세그먼트. 나아가 환경문제에 대한 의식도 지닌 세그먼트. 이러한 니즈를 지닌 세그먼트는 발포주 소비층의 대다수를 점하고 있다고 생각된다.

↑

전제가 되는 소비자 조사

발포주 주 소비층의 약 80%가 '가격이 저렴해서 구입한다' '브랜드에 대한 의식 없이 그냥 구입한다'고 응답하고 있고, '의식적으로 특정 브랜드를 구입한다'고 응답한 수는 전체의 20%로서, 맥주 주 소비층의 약 60%에 비교할 때 확실히 낮은 결과를 보이고 있다.

또한 동사의 소비자 조사에 의하면 발포주의 신제품 출시를 기대하고 있는 소비자는 90%를 넘어서고 있다. 또 발포주에 대해 소비자가 원하는 맛에 있어서도 조사시점에서 발포주에 대해 '마시기 쉬움'을 원하는 사람이 80%를 넘어, 가장 많은 결과를 나타내고 있다.

14

가장 효율적인 조합을 생각하라
―― 마케팅 믹스

자사가 목표로 해야 할 포지션이 명확해지고 나면, 그 다음은 그 포지션을 확립하기 위해서 마케팅 4P(제품, 가격, 판매채널, 판매촉진)을 조합시킨 마케팅 믹스를 찾아내야 한다.

> 📖 **마케팅 믹스**
> 기업이 마케팅 목표달성을 위해서 목표시장에 대해 통제할 수 있는 다양한 수단을 조합시킨 것

마케팅 수단의 가장 일반적인 분류로서 제품(product), 가격(price), 채널(place), 판매촉진(promotion)이 있으며, 이를 4P라고 부른다. 이 4P 각각의 요소를 어떻게 조합하여 마케팅 목표를 효율적으로 달성할 것인지가 이 단계의 과제가 된다. 각각의 요소는 다음과 같다.

① 제품 정책: 결정된 목표시장에 대해 기업이 취급해야 할 제품군을 설정한다. 또한, 취급할 제품의 폭과 깊이 등도 결정한다.

② 가격 정책: 제품 가격을 설정하는 것은 고객에게 제품의 가치를 알려주는 측면과 이익을 직접 창출하는 두 가지 측면을 갖는다. 그러한 중요한 역할에 입각하여 가격을 설정한다.

③ 채널 정책: 채널 정책에서는 제품을 최종 소비자에게 도달시키기 위해 어떤 경로(유통업자)를 이용하면 가장 효율적인지를 결정한다.

④ 판매촉진 정책: 다양한 미디어를 통해 소비자에게 제품을 홍보하는 최적의 수단을 설정한다.

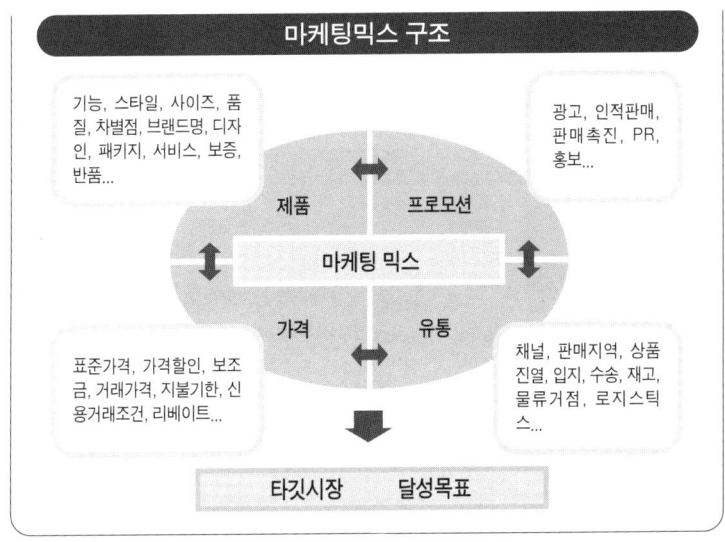

마케팅 믹스에서 핵심은 4P의 정합성이지만, 「고꾸나마」에는 특별히 일관된 관점에서 4P가 구성되어 있다. 기린맥주의 보도자료를 보

기린맥주, 발포주 「고꾸나마(極生)」 발매시의 기업 보도자료

● 「고꾸나마(極生)」 상품개요

1	발매시기	2002년 2월 27일(수)
2	발매지역	전국
3	발매품종과 희망소매가격 (소비세별도)	350ml 1캔 135엔 500ml 1캔 185엔 ※ 희망소매가격은 단지 참고가격이고, 판매점들이 스스로 설정하는 판매가격에 어떤 구속력을 갖지는 않는다.
4	상품 특장점 【맛】	▼쓴맛이 적고, 발효도는 높은 '산뜻한 맛'을 실현 ▼쓴맛과 향기가 강하지 않고 뒷맛이 남지 않음 ▼알콜도수 약 5.5도
	【포장용기】	▼알루미늄 캔에 청색 일색으로 인쇄. 중앙에 「고꾸나마(極生)」라는 상품명을 크게 배치하여 심플하면서도 인상적인 이미지를 부각시킴 ▼환경부하량을 줄인 새로운 알루미늄 캔 '털크(TULC (※))'를 순차적으로 채용 ※ 동양제관이 맥주/발포주용 캔으로 개발하고, 기린맥주사가 실용화시킨, 환경을 고려한 캔. Aluminum Toyo Ultimate Can에서 명명. 캔의 내/외면에 수지필름을 입혀서 환경보전성을 높였음 ※ 알루미늄 캔 생산 시에 발생하는 배수·폐기물·이산화탄소를 대폭적으로 줄임. 캔의 강도를 저하시키지 않으면서도 알루미늄 사용량을 줄임
	【포장】	▼6캔들이 포장을 중단하고, 판지(carton) 인쇄도수를 줄임
5	예상 판매량	약 830만 상자(350ml x 24캔 환산) ■문의처: 기린맥주 〈2503.T〉 ■고객센터: 무료전화번호: 0120-111560 ※ 발표일 2002년 1월 9일 이상 [2002/01/10]

면, 「고꾸나마」에는 '마시기 쉬움', '본질에 집중한 결과로서의 저가격'이 생생하게 전달되고 있다.

- 기린맥주(사장: 아라도께 켄이찌로)는 신제품 발포주인 「고꾸나마(極生)」를 2월 27일에 전국에 발매한다. 발포주 만의 매력인 '마시기 쉬움'과 '구입하기 쉬움'을 추구하고, 산뜻한 맛과 350ml 1캔낭 135엔(희망소매가격), 500ml 1캔당 185엔(희망소매가격)이라는 가격을 실현했다.

- 발포주 시장은 고객들의 호응을 받아 매년 확대되고 있다. 당사는 고객의 기대에 부응하고자, 발포주 만의 매력과 가치를 추구한 「고꾸나마(極生)」를 개발했다. 상품명은 「'마시기 쉬움'과 '구입하기 쉬움'을 추구한 심플한 생맥주」라는 상품 컨셉트를 그대로 표현했다.

- 맥주의 품질 면에서 '마시기 쉬움'을 달성하기 위해, 소재와 제법을 철저하게 재검토했다. 쓴맛과 향기가 강하지 않고 뒷맛이 남지 않는, 갈증 해소에 최적의 맛을 실현했다.

- '사기 쉬움'을 달성하기 위해서는, 고객들이 필요로 하는 상품의 본질만을 중요시하여, 용기와 포장을 간소화하고 6캔들이 포장을 폐기했다. 또한 종래의 마케팅 방법에 얽매이지 않고, 상품 자체를 부각시키는 심플한 광고와 판촉 활동을 채용했다. 이를 통해서, 지금과 같은 저가격을 실현했다.

- 패키지 디자인에서는 지나친 장식을 일절 생략하고 청색 일변도로 「고꾸나마(極生)」의 상품명을 중앙에 배치했다. 사전의 소비자조사에서도 지금까지의 맥주/발포주와는 다른, 신선하고 인상적인 디자인이라는 평가를 얻고 있다.

- 「고꾸나마(極生)」는 2002년에 당사가 출시하는 신상품 중 제 1탄이다. 종래의 신제품 개발 방법을 철저하게 취사선택하여 고객이 요구하는 가치를 실현시킨 상품으로서 탄생했다. 당사는 앞으로도 고객의 니즈에 부응하는 새로운 가치를 제공할 것이다.

15

고객은 무엇을 요구하는가?
── 제품(내용물과 패키지)

제품정책을 논하기 전에, 우선 제품이라는 것이 무엇인가를 명확하게 할 필요가 있다. 소비자는 제품 그 자체를 소비·사용·취득하려고 하는 것이 아니라, 제품을 소비·사용·취득함으로써, 어떤 편익(benefit)을 얻고자 하는 것이다.

필립 코틀러에 의하면 제품에는 5단계 수준이 있다.

첫 번째 수준은 가장 기본적인 '핵심편익(core benefit)'이다. 안경이라는 제품을 구입하는 소비자는 안경 자체를 원하는 것이 아니라 안경을 사용함으로써 '눈이 보다 잘 보인다'는 편익을 얻고자 하는 것이다. 이것을 핵심 편익이라고 한다.

두 번째 수준은 '기본적 제품'으로서, 제품의 기본적인 형태를 가리킨다.

세 번째 수준은 소비자가 상품을 구입할 때 기대하는 속성과 조건을 조합시킨 '기대하는 제품'이다.

  네 번째 수준은 보정, 점검, 수리, 애프터서비스, 소비자 센터, 배송 등 부가적인 서비스인 '확장 제품'이다. 코틀러는 현대의 경쟁이 이 네 번째 수준에서 이루어지고 있다고 지적한다. 그러나 이 부가 서비스에는 비용이 발생하며 또한, 일단 부가된 서비스는 당연시되어 거기에 대해 어떤 인정도 받지 못할 수도 있음을 고려해야 한다.

  다섯 번째 수준은 제품이 장래 보여줄 양상을 나타내는 '잠재적 제품'이다. 제품은 눈에 보이는 하드(hard)적 측면 뿐 아니라, 제품의 시스템화와 고도화도 아울러 진행되고 있다. 예를 들어, 최신 공장자동화 시스템도 기계라는 하드(hard)적 요소 뿐 아니라, 프로그래밍을 포함한 소프트웨어, 그리고 사용량 대 제조량 비율이나 고장 시의 수리 등에는 인간의 서비스가 불가피하게 요구된다.

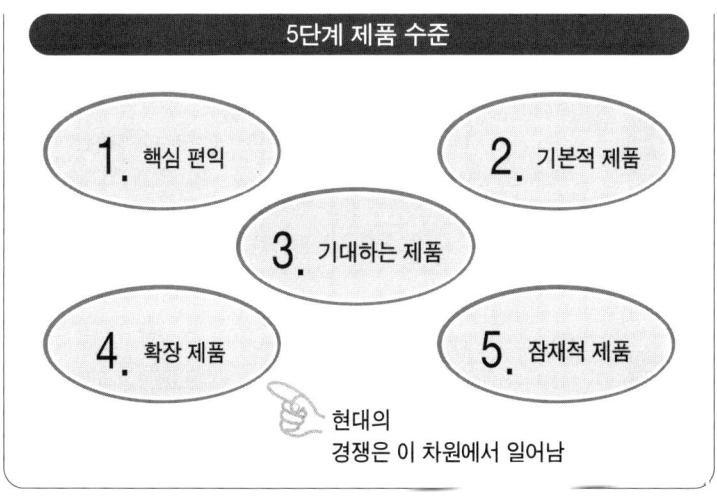

5단계 제품 수준

1. 핵심 편익
2. 기본적 제품
3. 기대하는 제품
4. 확장 제품
5. 잠재적 제품

현대의 경쟁은 이 차원에서 일어남

발포주 포장용기 비교

 기린 단레이 그린라벨

산토리 탄료카 준나마

 기린 고꾸나마

 아사히 혼나마

 삿포로 홋카이도 나마시보리

 기린 기린 단레이 〈生〉

기린의 전략

맛: '마시기 쉬움'을 추구한 맛

포장용기: 맥주 등 소비재는 맛과 동일하게 (때로는 그 이상으로) 포장용기가 중요하다. 「고꾸나마」는 포장용기 자체가 광고라는 컨셉트 하에, 상품 컨셉트의 대부분이 포장용기에 응축되어 있다.

Point 1
상품이 지닌 본질적인 매력을 느낄 수 있도록 지나친 장식을 생략하고 최소한의 요소로 디자인을 구성. 적색·금색·흑색을 중심으로 화려한 색채를 띤 여타의 맥주·발포주와는 달리, 「고꾸나마」는 은색을 주조로 상쾌한 청색조의 디자인을 실현했다.

Point 2
생태학을 고려한 캔: TULC (Aluminum Toyo Untimate Can)
동양제관(주)이 맥주, 발포주캔으로서 개발하고, 기린맥주가 세계 최초로 실용화시킨 환경을 고려한 새로운 알루미늄캔을 사용. 캔의 내외면에 수지필름을 입혀, 환경부하량을 감소시켰다. 은색조의 유려한 외관으로서 캔의 강도를 낮추지 않으면서도 알루미늄 사용을 줄였다.

Point 3
350ml와 500ml만 출시
6캔들이 포장을 없앴다. 업계의 상식인 6캔들이 포장을 중단하고 그것을 비용절감에 반영했다.

「고꾸나마」의 경우를 살펴보면, 핵심편익은 '마시기 쉬움'(제 1수준), 제품의 기본형태는 캔 맥주(제 2수준), '마시기 쉬움'에 '가장 저렴함'이라는 조건이 결합되어 있고(제 3수준), 친환경적인 캔이라는 부가 서비스(제 4수준)가 있다. 이제부터는 제 5차원으로 발전할 것인가?

16

가격설정 방법에서 큰 차이가 발생한다
—— 가격

제품에 대해서 시장과 타깃의 결정이 중요하듯이, 가격을 포함하는 마케팅 믹스의 설정도 그에 못지않게 중요하다. 여기서는 가격에 대해 검토하기로 하자.

제품 가격을 설정하기 위해서는 다음의 사항이 중요하다.

① 목표 설정
② 비용 산정
③ 수요 분석
④ 가격설정방법 선택

이제 각각을 상세하게 살펴보기로 한다.

① 목표 설정
기업목표와 가격에는 다음과 같은 관계가 있다.

● 기업존속

기업은 중장기적으로 최저한의 비용을 감당할 수 없으면 존속할 수 없다. 변동비와 일부 고정비(36장 참조)를 감당할 수 있다면, 매출의 확대에 따른 비용을 커버하여 이익 발생을 기대할 수 있다. 변동비를 충당하는 가격이 하한가격이 된다.

● 이익최대화

기업은 이익·현금흐름·투자수익률을 최대화하려는 목표를 갖는다. 이익의 최대화는 수요·가격·비용의 관계를 최적화함으로써 실현된다.

● 매출액 최대화

이익 최대화와 더불어, 기업의 목표는 매출액 최대화이다. 매출을 신장시켜 시장점유율을 확대하는 것은 이익의 확대로 이어진다. 매출을 최대화하기 위해서는 수요와 가격의 관계를 최적화해야 한다.

● 매출량 최대화

매출량의 증가는 단위당 비용을 저하시킨다. 매출규모를 최대화함으로써, 이익률을 향상시킬 수 있다. 이것이 시장침투가격 설정이며, 다음과 같은 상황에서 유효하다.

a. 시장의 가격탄력성이 높고, 가격 인하에 의해서 대폭적인 매출 확대가 기대된다.
b. 경험효과에 의해서 생산비와 유통비가 감소한다.
c. 가격인하가 시장의 경쟁을 억제한다.

2002년 전반기 상위 6위의 인기 발포주 브랜드(1)

상품명	포장용기	특징	CM
고꾸나마 알콜도수 약 5.5% 135엔 기린		· 2/27 발매, 맛과 가격을 추구한 심플한 발포주 · 갈증 해소에 가장 탁월한 개운한 맛 · 세금이 부과되지 않는 대맥 사용	CM·캠페인을 하지 않고 철저하게 판촉비를 줄임. 이를 통해서 10엔 가격인하를 실현함
탄료카쥰나마 알콜도수 약 5.5% 145엔 산토리		지금껏 체험하지 못한 '마시기 쉬움' 실현. 진화한 발포주 · 마시기 쉬움을 실현하기 위해 대나무 숯을 넣어 여과시킨 독자적인 방식 채용 · 양조에 사용되는 도정미의 경우처럼 껍질을 없애고 밀을 깎은 정백대맥을 사용 · 유례 없는 개운한 감, 확 퍼지는 부드러운 맛	
단레이 그린라벨 알콜도수 약 4.5% 145엔 기린		당질을 70% 줄여 몸도 마음도 쾌적한 또 하나의 단레이 · 「단레이」만의 상쾌한 목넘김, 깨끗한 뒷맛 · 부 원료에 효모 엑기스를 사용. 효모를 활성화시켜서 발효도를 높이고, 당질을 70% 줄여서 깨끗한 뒷맛을 실현	

● 상층흡수 최대화

높은 가격을 설정하여, 시장의 '상위 고객층'을 확보할 수 있다. 이것이 상층흡수 가격이며, 다음과 같은 환경에서 유효하다.

a. 수요수준이 충분히 높다.

b. 소규모 생산에 의한 단위당 비용이 그다지 높지 않다.

c. 초기의 고가격이 그다지 경쟁을 자극하지 않는다.

d. 고가격에 의해 고품질이라는 이미지가 생긴다.

● 품질중시

기업은 우수한 품질을 부각시킴으로써 독자적인 포지셔닝을 실현하고 고수익을 달성할 수 있다. 이 경우에는 고품질에 걸맞은 높은 가격이 설정된다.

② 비용 산정

비용은 가격의 하한이 된다. 비용에는 고정비와 변동비가 있다.

📖 **고정비**

생산량과 판매량에 관계없이 일정한 비용. 사무실 임대료, 광열비, 임원과 경리사원의 급여 등이 포함된다.

📖 **변동비**

생산량과 판매량에 대응하여 직접 변하는 비용. 원재료비, 외주가공비의 일부, 판매수수료 등이 포함된다.

③ 수요 분석

가격에 의해서 수요도 달라진다. 일반적으로 햄버거의 가격이 올라가면 소비자의 수요는 감소하고, 반대로 가격이 내려가면 수요가 증가한다.

● 수요의 가격탄력성

수요는 다음과 같은 상황에서 비탄력적으로 움직인다(반응이 느리다).

a. 대체품과 경쟁기업이 거의 존재하지 않는다.
b. 구매자가 가격상승을 알아차리기 어렵다.
c. 구매자가 좀처럼 구매습관을 바꾸려고 하지 않으며, 저가격의 상품 검색에 소극적이다.
d. 구매자가 가격상승을 품질개선이나 인플레이션(일반적인 물가상승)이라고 간주한다.

여기에 대한 반대 상황에서 가격은 탄력적이 된다(반응이 빠르다). 수요가 탄력적일 때, 가격인하는 매출을 증가시킨다. 생산비나 판매비의 삭감, 판매수량의 증가 등에 의해 수요가 대폭적으로 증가할 때, 가격인하가 유효한 전략이 된다.

④ 가격설정방법 선택

가격은 비용, 수요, 경쟁에 의해서 설정된다. 가격설정에는 다음과 같은 몇 가지 방법이 있다.

- 마크업(mark-up) 가격설정: 원가에 마진을 가산하여 가격을 설정
- 목표 수익에 의한 가격설정: 사업 규모에 의해서 가격을 설정

- 지각가치에 의한 가격설정: 분위기 등의 부가가치로 가격을 설정
- 실세가격에 의한 가격설정: 경쟁사와 비교하여 가격을 설정
- 입찰가격에 의한 가격설정: 입찰에서 수주하여 가격을 설정

최종가격을 결정하기 위해서는 심리적 가격도 고려할 필요가 있다. 소비자들은 가격을 품질의 판단기준으로 간주하기도 한다. 그렇기 때문에 화장품이나 고급시계 등에는 이미지(지각) 가격이 효과적이다.

또한 제조업체이 희망가격이나 경쟁사의 가격을 참고가격으로 하여, 특정 판매가격이 높다거나 낮다고 판단하기도 한다. 더욱이 980엔이나 9,980엔 등 끝자리 수 가격을 붙여 가격을 한단 아래로 낮춤으로써, 소비자에게 싸다고 느껴지게 하는 방법도 있다.

타사보다 '10엔 저렴한' 전략

가격은 고객의 니즈와 비용이라는 두 가지 측면을 고려하여 설정되는데, 「고꾸나마(極生)」는 고객 니즈 측면에서 애당초 종래의 맥주보다 저렴한 발포주에 있어서도 더욱 더 저렴함을 요구하거나, 저렴함에 대한 니즈가 있을 것이라는 점을 인식하고 저가격을 실현시켰다. 그 때문에 상품컨셉트·포장용기·광고 전반을 재검토하여, 수익을 내면서도 기존의 발포주보다 10엔 저렴한 가격을 실현했다. 그 결과는 예상대로였으며, 경쟁사에게도 상당한 영향을 끼쳤다.

2002년 2월 27일 발매 후 1주일 동안 95만 상자를 출하하는 등 순조로운 출발을 보였다. 이 「고꾸나마」에 대항하여, 아사히맥주가 「혼나마」로, 산토리가 「매그넘드라이」로 한정된 기간동안 10엔 가격인하 캠페인을 벌이는 등, 「고꾸나마」의 가격 설정은 업계에 큰 파장을 불러일으켰다.

2002년 전반기 상위 6위의 인기 발포주 브랜드(2)

상품명	포장용기	특징	CM
혼나마 알콜도수 약 5.5% 145엔 아사히		산뜻함과 본격적인 '생(生)' 구현 • 본격적인 미각, 즐거움, 캐주얼한 느낌을 만끽할 수 있는 발포주 • 영양분이 풍부한 대맥 엑기스와 미네랄이 풍부한 해양 심층수를 사용	
홋카이도 나마시보리 알콜도수 약 5.5% 145엔 삿포로		나마시보리, 더욱 맛좋은 맥주 • 북해도산 맥아의 사용에 더하여, 계약 재배한 토요시노산 호프를 새롭게 채용. '스트라입 캔 뚜껑'도 도입했으며, 거품 맛도 연구 • 신선감을 고려한 발포주	
기린 <단레이나마> 알콜도수 약 5.5% 145엔 기린		맛이 멈추지 않는다 • 세금이 부과되지 않는 대맥을 이용하여 비밀 맛에 향의 변화의 근원이 되는 성분을 억제, 원료 본래가 지닌 맛을 보다 두드러지게 했음.	

17

잠재적 고객을 발굴하라
— 판매촉진

| 판매촉진 믹스 |

지금까지 마케팅 믹스의 4P 중 3가지 P를 살펴보았다. 그러나 이것만으로는 아직 충분하지 않다. 이들 3P가 갖추어졌다고 해도 고객에게 알려지지 않으면 아무런 의미도 가질 수 없기 때문이다. 기존고객 및 잠재고객에게 정보를 전달하는 역할을 하는 것이 4번째 P인 판매촉진(promotion)이다.

판매촉진은 마케팅 믹스 중 하나에 속하기 때문에 당연히 여타의 3P와 정합성을 이루어야 한다. 즉, 다음 질문에 대해 기타 마케팅 믹스, 나아가 전략적 마케팅 전체와 균형을 이루어야 한다.

Who(타깃이 누구인가?)

What(어떤 메시지를?)

When(실시 타이밍)

Where(실시 장소)

How(어떻게?)

어떻게(How) 실시할 것인지는 구체적인 판매촉진 수단을 검토하는 것을 의미한다. 대표적인 수단으로서는 다음 4가지가 있으며, 이 4가지를 목적에 맞추어 조합시키는 것을 판매촉진이라고 한다.

① 광고

② 홍보

③ 판매촉진

④ 인적 판매

| 푸쉬 전략과 풀 전략 |

판매촉진에서 흔히 사용하는 개념으로서, 인적판매 중심의 '푸쉬(push) 전략과 광고 중심의 '풀(full) 전략이 있다.

> 📖 **푸쉬(push) 전략**
>
> 제조업체에서 도매업자, 도매업자에서 소매업자, 소매업자에서 소비자에게로, 즉, 채널의 상류에서 하류로 향해 움직이는 판매촉진 활동. 채널의 상류에서 하류로 제품의 취급을 촉구하기 때문에 푸쉬 전략이라고 부른다.

구체적으로 살펴보면, 제조업체는 도매업자를 대상으로 제품에 대한 설명, 가격인하, 금융지원 등을 시행한다. 그리고 도매업자는 소매업자에게로, 소매업자는 다시 소비자에게 자사제품을 판촉하여 매출 상승을 기대한다. 이 전략은 브랜드 이미지가 강하지 않은 제품에 적합하다.

18

유통을 지배하는 쪽이 시장을 지배한다
── 채널

유통채널은 제품과 서비스가 제조업자(제공자)에게서 최종소비자에게까지 흘러가는 유통경로를 의미하며, 그 가운데서 기능하고 있는 업자를 유통업자라고 부른다. 유통업자가 중간에 개입하여 거래를 통괄함으로써 전체의 거래자수를 줄이는 것이 유통채널의 기본적인 역할이다.

이것 외에도 코틀러는 유통채널의 기능으로서, 제품·서비스와 소비자 사이에 있는 다양한 갭을 메우는 것, 즉, 소비자반응 등 시장정보의 수집, 프로모션을 위한 접촉, 교섭, 여신기능, 리스크 분담 등을 들고 있다.

구조적인 측면에서 살펴보면, 유통기능은 다음의 3가지로 구분할 수 있다.

① 상(商)적 유통은 소유권이 이동해가는 흐름, 결국 거래의 흐름이다
② 물(物)적 유통(물류)은 재화가 이동해 흘러가는 것이다
③ 정보유통은 정보가 이동하여 흐르는 것이다

예를 들어, PC 판매점이 재고가 떨어져서 도매업자에게 PC를 발주하는 경우를 살펴보기로 하자. 도매업자는 생산자에게 발주를 하고 주문을 받은 생산자는 지정된 PC를 도매업자에게 판매한다. 그 다음, 도매업자는 PC 판매점에 지정된 PC를 판매한다. 이때, PC 자체는 생산자의 물류센터에서 직접 PC 판매점으로 배달될 수 있기 때문에 이러한 통상적인 거래에는 상적·물적·정보 유통의 요소 전부가 포함되어 있다고 할 수 있다.

유통 채널 구축에는 통상 많은 시간과 자원이 소요된다. 또한 외부 자원을 사용하는 것이어서, 한번 구축하면 변경에 막대한 비용이 소요되기 때문에 유통채널의 설계에는 세심한 주의가 요구된다. 유통채널을 구축할 때는 우선 목표시장을 명확하게 정의할 필요가 있다. 그 다음 목표시장에 가장 효과적이고도 효율적으로 도달할 수 있는 채널의 길이와 폭을 결정해야 한다.

| 채널의 길이 |

이것은 생산자에게서 몇 단계를 거쳐야 최종소비자에게 도달하는지를 나타낸다. 가장 짧은 채널은 제로 단계 채널로서, 생산자에게서 소비사에게 식섭 노날하는 것이다. 델 컴퓨터의 다이렉트 모델이 여기에 대한 전형적인 예이다.

생산자와 최종 소비자의 사이에는 도·소매업자가 중층적으로 끼어들게 되는데, 이것이 다단계이다. 일반적으로 일본의 유통은 다단계인 경우가 많다.

| **채널의 폭** |

채널의 각 단계에 존재하는 매개업자의 수를 말한다. 그 종류는 판매선을 특정 업자에게 한정하지 않고 모든 가능한 채널에게 개방하는 개방적인 유통정책, 자금력·입지조건·실적 등 일정조건을 토대로 몇몇 선정된 매개업자에게 위임하는 선택적 유통정책(예: 지역별), 독점적으로 판매권을 부여하는 대신 타사상품의 취급을 제한하는 배타적 유통정책의 3가지 종류가 있다.

마지막으로 채널에서 판매가능한 양과 수익(대량으로 판매하긴 하나 마진이 희박한 채널도 있기 때문임), 채널의 장래성 및 자사와의 역학관계 등을 감안하여 채널 믹스를 결정한다.

「고꾸나마」 발매 시의 맥주유통 채널 구조와 기린맥주의 포지션

유통채널			기린맥주의 강세
부부운영 상점	🍺🍺🍺	옛날에는 주요 채널이었으나 극적으로 감소 중임	◎
수퍼마켓/ 종합소매점	🏪	안정적인 맥주 판매 통로	○
할인점	🏬	맥주와 발포주의 판매 통로로서 성장. 가격 통제가 어려움	○
편의점	🏪	맥주와 발포주의 주요 판매 통로로서 성장 중임	△
음식점 (레스토랑 등)	🏠	일단 진입하면 다른 쪽에서 진입하기 어려운 통로	○

 기린맥주는 전반적으로 강세를 보이고 있다. 그러나 부부운영 상점에서의 존재가 미약해지고 있는 가운데, 주력 채널로 성장한 편의점에서의 포지션은 약간 약했다. 또한 편의점 진열장에 진열될 수 있도록 하기 위해서는 대대적인 TV 광고가 필요한데, 그것을 위한 비용부담도 크고, 할인점에서의 가격인하 압박도 강했다

⬇

편의점 채널을 위한 가치대응형 상품의 필요성

19

브랜드의 위력을 무시하지 마라
── 제품·브랜드

최근 수년 동안 브랜드라는 용어가 경영기법의 한 가지로서 각광을 받아 왔다. 그러나 그것이 정확하게 무엇을 의미하는지를 모르겠다는 이야기를 가장 많이 듣는 것도 바로 이 브랜드이다.

미국 마케팅협회는 브랜드를 다음과 같이 정의한다.

> 📖 **브랜드**
> 특정 판매자나 판매자 집단의 제품 및 서비스를 식별하게 하고, 경쟁상대의 제품 및 서비스와의 차별화를 의도한 명칭, 용어, 기호, 심볼, 디자인, 또는 그 조합.

조금 더 이해하기 쉽도록, 브랜드와 단순한 상품명의 차이를 살펴보면 도움이 될 것이다. 즉, "목표 고객의 머리에 이미지가 바로 떠오

르고 타사와의 차이점을 분명하게 인식할 수 있는 것이 브랜드이고 그렇지 않은 것이 단순한 상품명"이다. 영국에서는 브랜드를 자산으로서 P/L에 기재하고 있다.

협의의 브랜드를 구성하는 요소로서는 다음의 6가지를 들 수 있다.

① 브랜드·명칭

제품 컨셉 및 제품을 쉽게 연상시킬 수 있는 효과적이고도 중요한 커뮤니케이션 수단이다.

브랜드는 전략자산이 되었다

Interbrand사의 국제 브랜드 가치 순위 (2001년)

	브랜드명	가치		브랜드명	가치
1	코카콜라(미)	68,945	14	도요타(일)	18,578
2	마이크로소프트(미)	65,068	15	휴렛패커드(미)	17,983
3	IBM(미)	52,752	16	시스코시스템즈(미)	17,209
4	제너럴 일렉트릭(미)	42,396	17	아멕스(미)	16,919
5	노키아(핀란드)	35,035	18	질레트(미)	15,298
6	인텔(미)	34,665	19	메릴린치(미)	15,015
7	디즈니(미)	32,591	20	소니(일)	15,005
8	포드(미)	30,092	21	혼다(일)	14,638
9	맥도널드(미)	25,289	22	BMW(독)	13,858
10	AT&T(미)	22,828	23	네스피(스위스)	13,260
11	말보로(미)	22,053	24	컴팩(미)	12,354
12	메르세데스(독)	21,728	25	오라클(미)	12,224
13	씨티뱅크(미)	19,005			

(단위 100만 달러)

② 로고·심볼

브랜드의 비주얼적인 요소는 제품의 식별을 용이하게 한다. 비언어적이지만 오히려 그렇기 때문에 나라와 문화의 차이를 넘어서 보편적으로 사용될 수 있다는 장점이 있다.

③ 캐릭터

가공의, 또는 실제의 인물을 본뜬 특별한 유형의 브랜드 심볼을 말한다. 브랜드 인지도를 높이고 브랜드에 대한 호의적인 지각을 불러일으키는데 유용하다.

④ 슬로건

브랜드에 관련된 기술적·설득적 정보를 전달하는 간결한 구절이다. 해당 브랜드의 의미를 사람들에게 전달하는데 유용하다.

⑤ 징글(Jingle)

음악에 의한 메시지로서, 브랜드 인지도를 높이는데 가장 효과적이다.

⑥ 패키징

제품의 용기와 포장을 디자인·제작하는 활동이다. 브랜드 식별과 기술적·설득적 정보의 전달 등을 목적으로 한다.

그렇다면 브랜드의 의의는 무엇일까? 고객의 시점에서 생각하면 거기에 대한 대답을 쉽게 알 수 있다. 사람들은 실패의 리스크를 줄이기 위해서 브랜드를 이용한다. 고객이 피하고자 하는 리스크에는 두 가지 유형이 있다. 하나는 최저한의 품질을 보장하는 제품을 합리적인 방식으로 구입할 수 없게 될 리스크이고, 다른 하나는 과거에 경험한 대단히 높은 만족도를 계속 유지할 수 없게 될 리스크이다.

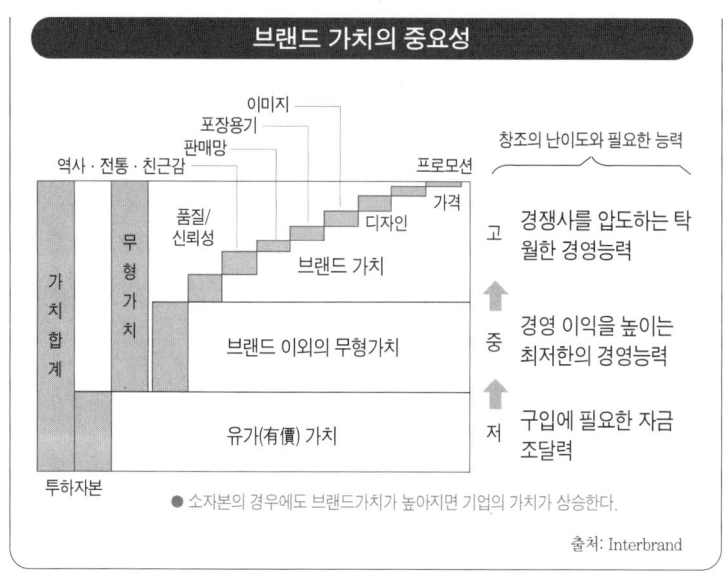

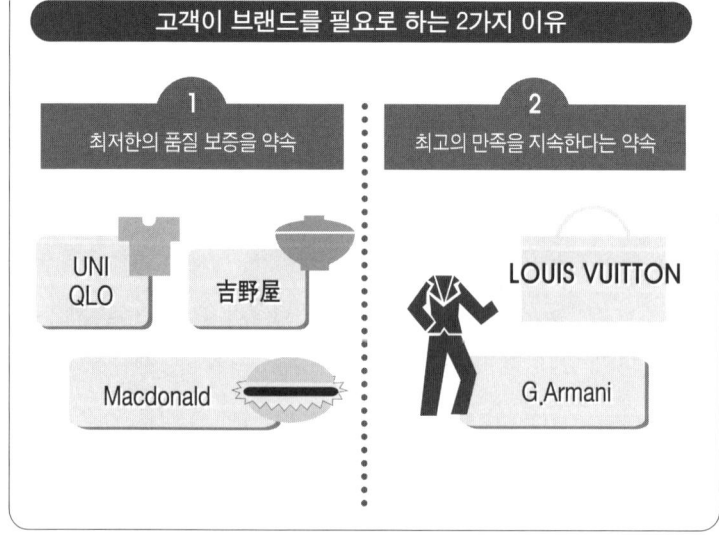

20

결과가 잘못되면 처음의 전제로 돌아가라
—— 마케팅 순환 분석

경영전략 입안 프로세스와 마찬가지로 마케팅에 있어서도 전체 전략요소는 좋건 나쁘건 순환해야 한다.

마케팅 순환 분석은 3가지 방식으로 진행된다. 다음 중 처음 2가지는 입안 과정에서 사용한다.

● 사용법 1

맨 처음 메인 시나리오를 작성할 때, 다음과 같은 순서로 진행한다.

환경분석
↓
세그먼테이션 및 포지셔닝
↓
4P의 마케팅 믹스 설정

그러나, 그 프로세스 중 어떤 부분이 들어맞지 않게 되면, 이전의 프로세스로 되돌아가서 적절하지 않은 전제를 수정한 후, 그 다음 프로세스로 넘어간다.

● 사용법 2

메인 시나리오를 작성한 뒤, 그 시나리오에 대해서 고객과 경쟁사가 어떻게 반응할지를 상정한다. 그리고 거기에 대해 자사가 어떻게 대응해야 할지, 자사의 대응에 대해 고객과 경쟁사는 또 어떻게 반응할지를 고려한다.

신제품 출시와 같이 자사가 어떤 행동을 취한 후, 적어도 거기에 대한 경쟁사의 두 번째 대응 정도까지는 상정해 두어야 한다.

● 사용법 3

실제로 고객이나 경쟁사가 어떤 반응을 보일 때, 거기에 대해 유연하게 대응한다. 이 경우에도 무턱대고 대응할 것이 아니라, 자사가 수립한 최초의 전략에서 어떤 전제가 일치하고 일치하지 않는지, 또는 현재의 고객과 경쟁사가 왜 그러한 대응을 하는지를 알아야 한다.

| 기린 「고꾸나마〈극생〉」 발매 후의 경쟁사 대응 |

2002년 2월 24일자 일경산업신문에 의하면, 대기업 제조업체 4사가 6월 21일(금)에 발포주 가격을 인하한다고 발표했다. 매장가격이 100엔을 밑도는 점포도 나타났다.

기린맥주가 2002년 2월에 광고선전비를 줄이는 등 비용절감을 통해 타사제품보다 10엔 싼 350ml 1캔당 135엔의 「기린 고꾸나마」를 출시한다고 발표했다. 이 뉴스가 가격인하의 불을 지피게 만들었고, 타사들도 10엔의 가격인하를 감행하는 결과를 불러왔다.

그러나 이러한 발포주 가격경쟁의 결과, 기린맥주는 주력상품인 「기린 단레이〈生〉」의 가격도 6월 21일부터 10엔 인하하게 되었다. 「기린 고꾸나마」도 다시 가격인하를 하여 130엔이 되었다.

이러한 상황은 기린맥주에게 3가지 문제점을 불러 왔다.

첫째, 「고꾸나마」의 수익 시뮬레이션이 붕괴될 가능성이 있다.

둘째, 10엔 저렴하게 설정한다는 가격 구조에 처음에는 포함되지 않았던, 「기린 단레이〈生〉」의 가격도 인하하게 되었고, 이것으로 인해 발포주 주력상품인 「기린 단레이〈生〉」의 수익이 악화될 가능성이 있다.

셋째, 발포주의 가격인하가 가속화됨에 따라, 그것이 맥주의 매출 저하로 이어질 가능성이 있다.

해당 업계에서 가장 견실한 기린맥주의 입장에서 저가격 기반의 승부가 과연 옳은지 나쁜지는 경영전략상의 논의가 되겠지만, 「고꾸나마」 출시 단 4개월 만에 발포주 전체의 가격전쟁이 격화될 것이라는 점을 기린은 과연 사전에 고려했었을까?

독자들은 그런 것쯤은 간단하게 미리 예측할 수 있을 것이라고 생각할 것이다. 그러나 실제로는 많은 기업들이 시장이 움직이는 상황에 맞추어 그때그때 전략을 수립한다.

장기를 둘 때, 일반인들도 상대방의 수를 3수 정도는 미리 읽고 고수들은 수십 수를 미리 읽을 수 있다고 하는데, 어째서 기업들은 비즈니스 전략 수립을 할 때 고작 2~3년도 예측하지 못하는 것일까?

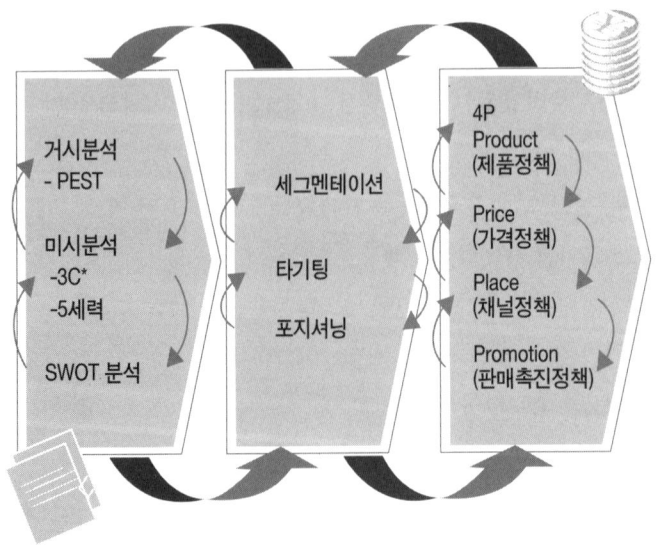

* 3C: 경쟁사(Competitor), 자사(Company), 고객(Customer)을 균형 있게 분석하는 방법

장기의 경우는 상대가 한 명이지만, 비즈니스에는 변수가 많기 때문일까? 확실히 그런 이유도 있을 것이다. 복잡한 변수를 생각할 수 있는 관점과 방법을 가르쳐주는 것이 바로 MBA의 프레임워크이다. MBA의 프레임워크는 창의적으로 예측할 수 있게 하는 보조 도구이다.

PART IV

조직 ORGANIZATION

21_ 강한 조직은 어떻게 만들 수 있을까?
　—사람, 조직, 전략

22_ 조직에서 무엇에 주목해야 하는가? —맥킨지의 7S

23_ 가장 적합한 조직형태는 무엇인가?
　—조직형태: 기능별 조직

24_ 스피드와 효율을 추구한다
　—사업부제 조직, 컴퍼니제, 매트릭스 조직

25_ 강한 조직은 문화를 육성하고, 그 문화에 의해 육성된다
　—조직문화와 형성 프로세스

26_ 조직이 변하면 결과도 따라온다 —조직변혁의 프로세스

27_ 어떻게 직원들에게 의욕을 불러일으킬 수 있을까?
　—동기부여와 인센티브

28_ 사원들은 정당한 평가를 바란다 — 업적평가 시스템

29_ 경영자여, 꿈을 말하라! —리더십

❝ 아무리 훌륭한 전략이라고 해도, 그것을 실행하지 않으면 그림의 떡에 불과하다. 전략의 실행은 조직과 그 구성원에 의해 이루어진다. 조직관리는 경영전략의 실행에 도움이 되는 조직문화를 육성하고, 가장 효율적으로 그 전략을 실행할 수 있는 조직형태를 창출하는 것을 목표로 한다. ❞

Master of Business Administration

하버드·MIT도 부럽지 않은
FAST MBA

21

강한 조직은 어떻게 만들 수 있을까?
―― 사람, 조직, 전략

아무리 훌륭한 전략이라고 해도, 그것을 실행하지 않으면 그림의 떡에 불과하다. 전략의 실행은 조직과 그 구성원에 의해 이루어진다. 따라서 때로는 훌륭한 전략을 수립하는 것 이상으로 조직과 사람의 문제가 기업의 사활을 결정하는 중대 문제가 된다. 그러므로 경영의 관점에서 조직을 볼 때, 핵심 문제는 조직과 사람에 대한 관리 문제로 집약된다.

조직관리는 경영전략의 실행에 도움이 되는 조직문화를 육성하고, 가장 효율적으로 그 전략을 실행할 수 있는 조직형태를 창출하는 것을 목표로 한다.

조직관리는 단순히 조직형태라는 틀에 집어넣는 것이 아니라 그 기업의 이념과 비전에서 내려오는 것이어야 한다. 조직을 고려할 때 중요한 것은 조직은 다양한 내·외부의 환경과 상호작용을 하면서 기업 활동을 진행한다는 점이다.

결국, 조직내부의 개인과 집단만을 논의의 대상으로 할 것이 아니라, 다양한 외부의 이해관계자, 자연환경, 법률, 제도, 문화 등의 제반 요인에 대해 어떻게 작용하고 적응하며 존속과 성장을 도모할 것인가를 생각해야 한다. 이와 같이, 조직을 고려할 때 외부를 포함하여 생각하는 것이 '7S'이다. 거기에 대해서는 다음에 상세하게 설명하기로 한다.

조직의 구성요소인 사람 관리에서는, 일에 대한 개인의 동기를 유발시키는 인센티브(자극)를 기업이 어떻게 제공할 것인지가 중요한 테마이다.

사람은 여타의 경영자원과는 달리, 적절한 인센티브에 의해 동기유발되며 그 방향이 기업의 전략과 일치되면 스스로를 향상시키면서 놀라운 성과를 이루어낸다.

그렇지만, 인간이란 원래 복잡한 존재이기 때문에 기업의 방향성과 일치시키면서 지속적인 의욕을 불러일으키는 일이 그렇게 간단하지는 않다. 다양한 인재관리 이론이 존재하는 것도 바로 그 때문이다.

다음은 MBA에서 기본적으로 다루고 있는 인재관리 이론이다.

- 매슬로우의 욕구계층론
- X이론, Y이론, Z이론
- MBO(Management by Objective) = 목표관리제도
- 컴피턴시 이론

특히 컴피턴시 이론은 비교적 새로운 것으로서, 그 목표는 인재를 어떻게 적재적소에 배치하여 보다 우수한 성과를 내는가 하는 것이다.

> 📖 **컴피턴시 이론**
> Competency. 성과행동. 특정 직무에서 높은 성과를 높이는 행동특성

컴피턴시 이론은 컴피턴시라는 특성은 어느 정도 객관적으로 측정할 수 있다는 것을 전제로 한다. 필요한 스킬이나 전문지식은 후천적인 교육을 통해서 얻을 수 있지만, 특정 직무에서 성과를 낼 수 있는 내적인 행동을 결정하는 내적인 동기는 선천적인 요소가 많기 때문에, 그것을 객관적으로 측정하여 인재배치에 활용해야 한다는 것을 내용으로 하고 있다.

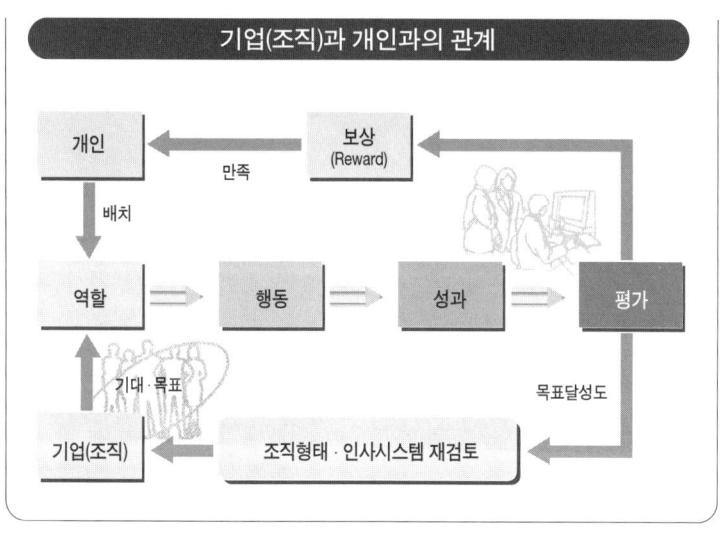

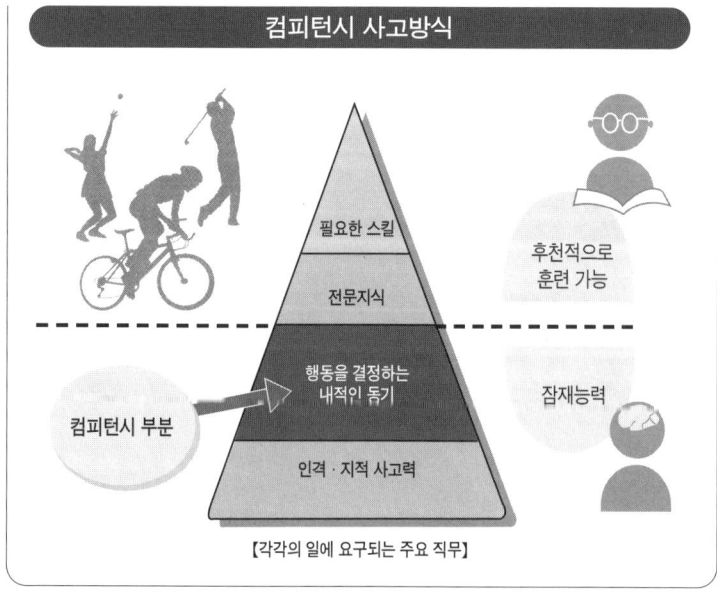

22

조직에서 무엇에 주목해야 하는가?
── 맥킨지의 7S

조직을 포괄적으로 이해하기 위해서는 맥킨지의 '7S'가 유효하다. 이들 각각의 머리글자가 S로 시작하기 때문에 7S라고 부른다. 처음의 3가지 S인 전략·조직구조·시스템은 '3가지 하드(hard) S'라고 하며, 나머지 4가지 S인 인재·스킬·스타일·가치관은 '4가지 소프트(soft) S'라고 부른다.

'3가지 하드 S'는 경영자의 의사에 의해 비교적 쉽게 변경할 수 있지만, '4가지 소프트 S'는 그렇지 않다. 기업경영을 위해서는 이들 7가지 요소를 숙지하고 있어야 한다.

맥킨지 7S		
1	전략(Strategy)	하드 S
2	조직구조(Structure)	
3	시스템(System)	
4	인재(Staff)	소프트 S
5	스킬(Skills)	
6	스타일(Style)	
7	가치관(Shared Value)	

| 3가지 하드 S |

- 전략: 지속적인 경쟁우위를 구축하기 위한 방책
- 조직구조: 조직 형태, 분권의 형태
- 시스템: 조직운영의 구조와 규칙(정보 시스템, 인사 시스템 등)

| 4가지 소프트 S |

- 인재: 사원과 리더의 특성
- 스킬: 사원과 조직의 강점과 능력
- 스타일: 의사결정 방법과 기업 문화 등 경영 스타일
- 가치관: 사원이 공유하는 사회에 대한 가치관, 경영이념과 비전

기린맥주의 7S

전략 : 브랜드력을 활용하여 맥주, 발포주, 소주, 와인에서 약품에 이르기까지 폭넓은 제품 구색으로 다양한 고객의 니즈에 대응하기 위해서 제품의 다각화를 추진하고 있다.

조직구조 : 영업지역 마다 사업부제를 두고 있으며, 각 지역 사업부 책임자에게 결재권이 부여되어 있다.

시스템 : 각 영업지역의 판매·재고 데이터는 실시간으로 본사 정보 시스템에 송신되어, 본사에서 관리되고 있다.

인재 : 전국 각지의 주요대학에서 다양한 인재를 채용하고 있다. 경영진은 견실성을 지향하고 있다.

스킬 : 마케팅 능력이 강하며 소비자 기호 분석을 토대로 한 광고·선전을 장점으로 하고 있다.

스타일 : 상향식(bottom-up)으로 소비자의 니즈를 파악하여 경영판단에 활용하고 있다. 임원들 자신이 영업점을 순회하는 경우도 많다.

가치관 : 전통을 중시하면서도 도전정신이 존중되고 있다.

23

가장 적합한 조직형태는 무엇인가?
── 조직형태: 기능별 조직

지금부터 3가지 기본적인 조직형태인 기능별조직, 사업부제조직, 매트리스조직에 대해 살펴보기로 하자.

먼저 기능별조직은 개발, 제조, 영업, 재무, 인사 등의 경영기능별로 구성된 조직형태를 말한다. 이것은 제품의 종류가 적고, 사업형태가 비교적 단순한 조직에 적합하다.

○ |기능별 조직의 장점 |
- 기능마다 정보와 지식의 공유가 용이하다
- 기능마다 전문성을 높이는 것이 용이하고, 전문가 육성이 가능하다
- 기능 간 업무 중복이 적기 때문에 경영효율성이 높다

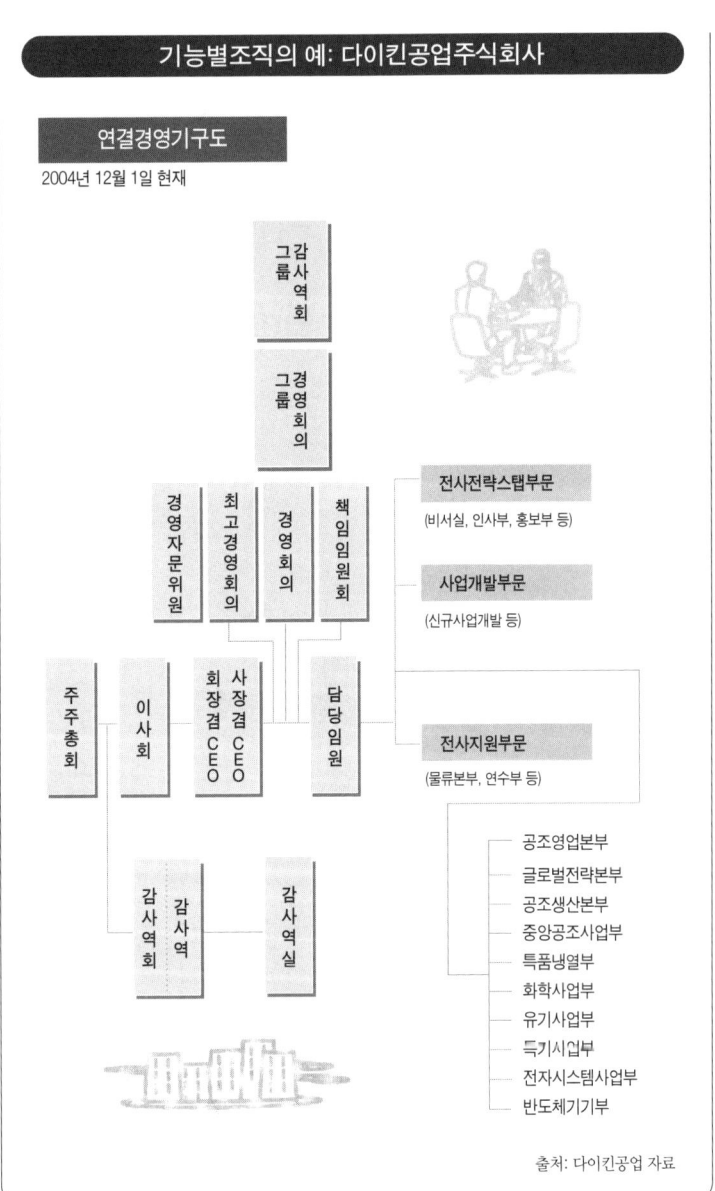

✕ | **기능별 조직의 단점** |

- 각 기능마다 이익 추구에 빠지기 쉬운 관계로 전사적인 이익추구를 제한한다
- 각 기능간의 대립이 발생하기 쉽다
- 폭 넓은 지식을 지닌 제네럴리스트의 육성이 어렵다
- 최종적인 의사결정이 고위 경영진에게 위임되는 경우가 많아, 의사결정에 시간이 걸린다

24 스피드와 효율을 추구한다
── 사업부제 조직, 컴퍼니제, 매트릭스 조직

기업규모가 확대되면 기능 조직의 경영효율이 악화된다. 그래서 제품·서비스, 고객, 시장, 지역 등으로 조직을 분할하여 사업부제조직을 구축하게 된다. 각 사업부에는 사업본부장이 배치되어 이익에 대한 책임을 진다.

○ **| 사업부제 조직의 장점 |**
- 이익책임이 명확하다
- 의사결정이 신속하게 이루어진다
- 분권화가 촉진된다
- 사업부간 경쟁에 의해 전사적으로 경쟁력이 제고된다
- 사업경영에서 매니저가 이른 시기부터 광범위하게 의사결정에 참가할 수 있기 때문에 경영리더의 육성이 용이하다

✕ | **사업부제 조직의 단점** |
- 사업부간의 경쟁의식이 강화되어 전사적인 협력체제가 약화되기 쉽다
- 단기적으로 이익을 추구하려는 의식이 강해진다
- 투자와 업무가 중복되기 때문에 경영자원 배분이 비효율적으로 된다

컴퍼니제

사업부제에서 사업부의 독립성을 한층 더 강화시킨 것이 컴퍼니제이다. 사업부가 분사되어 컴퍼니가 되면 투자 등의 의사결정을 포함한 대폭적인 권한이양이 이루어지고, 최종적인 이익책임을 지게 된다.

소니는 제품별로 세분화된 이전의 사업본부제에서 제품별로 3개의 그룹컴퍼니와 5개 디비젼컴퍼니로 분사했다. 그와 함께 50개에 달했던 사업부는 각 컴퍼니 밑으로 포함되었다. 또한 각 컴퍼니에는 사장을 두어, 일정한도의 투자권한을 이양했다.

매트릭스 조직

매트릭스 조직은 기능별 조직과 사업부제 조직을 결합시킨 것이다. 이러한 조직에서 사원은 통상적으로 2인의 상사 밑에 있게 된다.

○ | **매트릭스 조직의 장점** |
- 기능별 조직의 전문성 추구와 축적이 가능하다
- 사업부제 조직의 환경적응성, 고객적응성을 확보할 수 있다

- 2가지 역할을 동시에 부과하는 것이 가능하다
- 일의 필요에 따라 신속한 대응이 가능하다

× | 매트릭스 조직의 단점 |

- 사원이 통상 2인의 상사 밑에 있게 됨으로써 권한과 책임이 애매해진다
- 2인의 상사의 지휘명령에 의해 혼란이 야기된다

실제로 일본에는 매트릭스 조직 형태가 그다지 흔하지 않다. 일반적으로 매트릭스 조직은 운영이 어렵다고 한다. 한때 스웨덴의 ABB사가 매트릭스 조직의 성공 사례로서 많이 거론되었으나, 투자의 불량채권화 등으로 ABB사의 경영악화가 전해지고부터는 매트릭스 조직의 성공 사례에 대해 듣기가 어려워졌다.

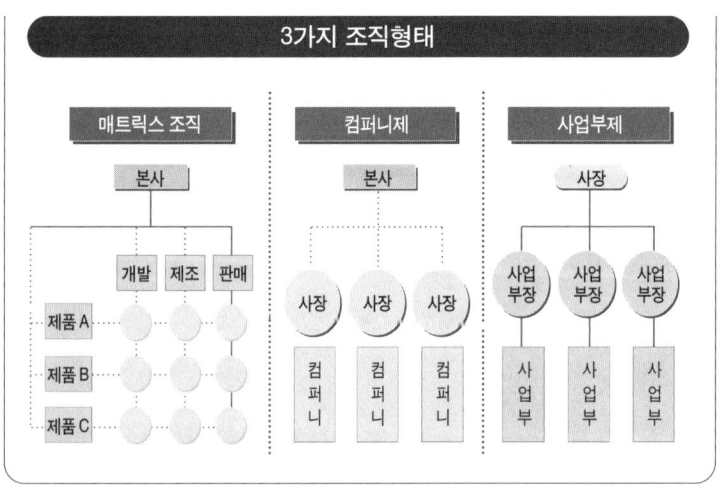

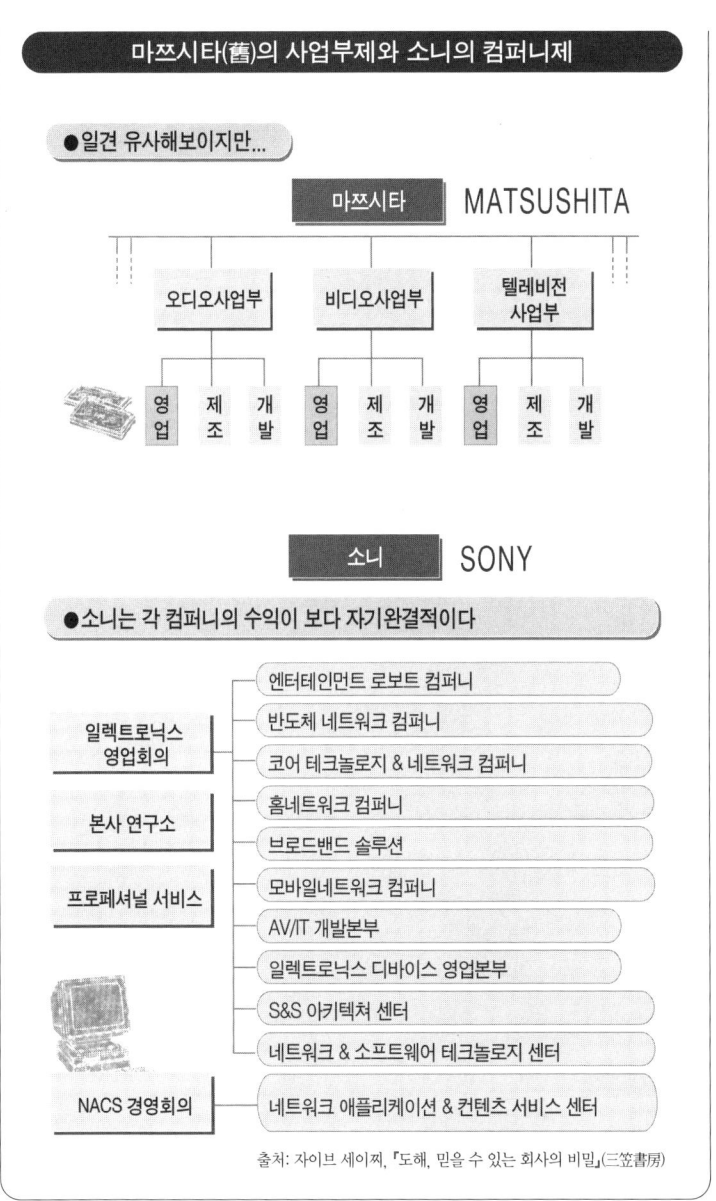

25

강한 조직은 문화를 육성하고, 그 문화에 의해 육성된다
―― 조직문화와 형성 프로세스

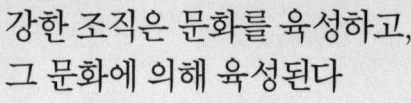

  조직문화는 각 사원의 가치관과 행동에 강한 영향을 미친다. 기업의 이념과 전략을 정확하게 반영한 조직문화는 타사가 흉내 내기 어려운 경쟁우위로 이어지고, 역경을 헤쳐 나가는데 있어 지주 역할을 하게 된다.

  그렇기 때문에 어떤 조직문화가 형성되고 유지되며 갱신되는가는 기업의 업적에 직접적으로 연결되는 경우가 많다. 조직문화란 자연발생적으로 생겨나는 것이고 통제될 수 없는 것이라고 생각되기도 하지만, 그 형성 프로세스를 앎으로써 바람직한 조직문화의 확립을 촉진하고 나아가 그 변혁도 이루어낼 수 있다.

  조직문화는 공식·비공식적인 다양한 요소에 의해서 복합적으로 형성된다. 공식적인 요소로서는 명문화된 비전·사시·사훈·연수 등이 있고, 비공식적인 요소로서는 창업자와 임원들의 일상의 언어와 행동, 그리고 성공과 실패담 등 상징적인 스토리가 있다.

> 📖 **노드스트롬 에피소드**
>
> 미국의 유명 백화점인 노드스트롬사의 고객중시 문화에 대한 상징적인 스토리로서 다음과 같은 이야기가 전해진다. 한 고객이 불량 타이어를 반품하러 왔을 때 노드스트롬사는 즉석에서 환불을 해주었다. 그러나 사실은 노드스트롬사에서는 타이어를 팔지 않고 있었다.

또한 조직이 독자적인 언어, 이야기 평가시스템과 인사 등도 조직문화를 형성하는 중요한 툴이 될 수 있다. 경영자가 자신의 가치관과 철학을 가장 잘 표현하는 말(사시·사훈), 행동, 스토리는 무엇인가라는 것을 철저하게 고려하여 평소 실천하는 것은 충분히 의미 있는 일일 것이다.

| 주식회사 파마네트워크의 예 |

제약업체에는 MR(Medical Representative: 의약정보담당자. 의사들에게 의약정보를 제공하는, 제약회사의 영업사원에 해당하는 역할을 하는 사람)이라는 포지션이 있고, 그 MR을 파견하거나 또는 프로젝트를 수행하는 기업을 CSO(Contract Sales Organization)라고 부른다. 주식회사 파마네트워크는 CSO를 주력으로 하는 기업으로서, 2000년에 창설되어 창업 3년차된 벤처기업이다.

파마네트워크사의 후타다 사장은 "CSO사업은 단순히 인재를 파견하는 것에 국한되지 않는다. 우수한 능력을 지닌 인재와 CSO의 능력

주식회사 파마네트워크 개요

● 파마네트워크 기업이념

전문성 높은 기술과 정보를 제공함으로써 환자 주권의 확립과 건강하고 풍요로운 사회를 만드는데 공헌한다.

의료의 본질을 이해하고 고객만족을 가장 먼저 고려하며 프로의식을 철저하게 함으로써, 고객의 좋은 파트너가 될 것을 지향한다

사원 한명 한명의 인격을 존중함으로써 전사원의 성장과 기업발전이 서로 조화를 이루게 한다.

사 명	주식회사 파마네트워크
소재지	전화: 103-0004 동경도 중앙구 동일본교 2-9-2 동경본교 292빌딩 5층 URL: http://www.pharma-network.com
설 립	2000년 8월 18일
자본금	145,875,620엔(2002년 11월 현재)
임 원	대표이사 후다다 켄야
주요 사업내용	1. CSO(Contract Sales Organization) 사업 제약기업의 영업 및 마케팅 전략적 대행업무 2. CRO(Contract Research Organization) 사업 제약기업의 임상개발을 메디컬 라이팅을 포함하여 전략적으로 지원하는 업무 3. 교육사업 의료 및 의약관계기업의 교육전반 4. 인재소개사업 의료 및 의약품개발기업에 인재소개 5. 영업컨설턴트 사업 제약기업, 의약품도매기업의 경영 · 영업 · 교육 컨설팅 제공

을 제공해야 한다"는 인식 하에 서비스 품질중시의 기업문화를 정착시키는 것을 목표로 하고 있다.

그래서 파마네트워크는 인재파견이 아니라 능력제공이라는 표현을 사용하고 있다. 또한 그러한 품질중시의 자세를 사내에 깊게 뿌리내리게 하고, 각 제약회사에 파견하고 있는 파마네트워크사의 MR을 2개월에 한 번씩 정기적으로 본사로 불러들여 'brushup 연수'도 실시하고 있다.

이 연수의 목적은 최신 의약 지식의 습득과 영업사원으로서의 스킬 향상 외에도, 품질중시의 이념을 재인식시키는 것이다.

전국에 산재해있는 사원을 정기적으로 본사에 불러 모아 연수를 실시하는 것이 쉬운 일은 아니지만, 파마네트워크사는 품질중시의 기업문화 창조를 위해서는 그것이 당연히 지불해야 할 비용이라고 생각하고 있다.

26

조직이 변하면 결과도 따라온다
── 조직변혁의 프로세스

　버블 붕괴 이래 연일, 상장기업 도산 건수가 증가되고 있다는 뉴스가 보도되고 있다. 스스로를 변혁시킬 능력이 없는 기업에게 시장이 최후통첩을 내리는 속도가 빨라지고 그 영향력도 커지고 있기 때문이다.
　그렇다면 조직변혁이라는 지속적이고도 복잡한 프로세스를 어떻게 다루어야 할까? 레빈(Levin, K)은 조직과 같은 유기적인 시스템에는 변화를 촉진하려고 하는 추진력과 그것을 저지하려고 하는 저지력이 함께 작용하고 있으며, 이들의 균형이 붕괴될 때 새로운 균형을 요구하는 변혁이 시작된다고 기술하고 있다. 이것이 '장의 이론(Field Theory)'이다.
　그는 이 변혁 프로세스를 다음 3가지로 나누고 있다.
　① 해동: 조직 구성원에게 변혁의 필요를 인식시켜, 심리적인 저항을 줄이는 단계

② 변혁: 해동에 의해서 동기가 부여된 방향 쪽으로 실제로 변혁을 실행하는 단계
③ 재동결: 혼돈된 상태를 안정적이고도 정합적인 상태로 수렴하는 단계(새로운 균형상태를 정착시킴)

그리고 그 접근법으로서 다음 3가지 방법을 지적하고 있다.
① 구조적 접근법: 조직도, 예산편성방법, 규제, 법규 등의 공식적인 지침과 절차의 변혁
② 기술적 접근법: 작업장 레이아웃, 작업방법, 직무내용 등의 작업 흐름의 재편성
③ 인간적 접근법: 교육훈련, 채용절차, 업무평가 시스템 등의 재검토에 의한 사원의 태도·동기·행동능력의 변혁

조직변혁의 성공을 위해 중요한 것은 아주 이른 시기부터 가시적인 성과를 내는 것이다. 그러한 작은 성공을 거듭해 감으로써, 직원들에게 변혁에 대한 자신감을 갖게 할 수 있다. 이러한 변혁을 매개로서 추진하는 것이 변혁형 리더이다. 변혁형 리더는 조직의 위기를 재빨리 감지하여 그 영향력과 긴박성을 모두가 공유할 수 있는 방식으로 경고한다. 그리하여 새로운 비전을 사람들에게 보여주고 공감을 얻는다.

변화가 크면 클수록, 변혁 프로세스에서의 마찰이 커지게 되고, 변혁형 리더에게 가해지는 압박도 커진다. 때문에 변혁형 리더에게는 노블리스 오블리제의 정신(리더로서 자기희생도 포함한 의무를 완수하려는 마음가짐)이 요구된다.

닛산의 V자형 회복

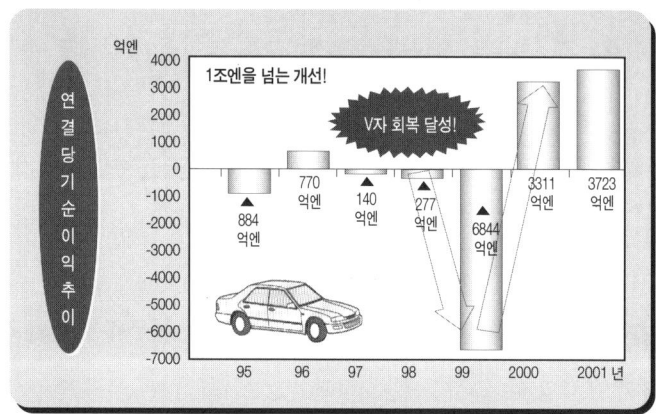

변혁 프로세스

① **해동:** 프랑스 르노사에서 파견된 카를로스 곤 회장은 1999년 부임 직후에 부문 횡단적인 개혁안 수립 프로젝트에 착수하여, 사내의 중견멤버에게 현재 닛산이 얼마나 위기적 상황에 처해 있는지, 그것을 벗어나기 위해서 무엇을 해야 하는지에 대해 제안하게 함으로써 위기감을 공유하게 했다. 그 해 10월에는 회생 계획을 발표하여 회생에 대한 자신의 의지를 전달함과 동시에 내외적으로 추호도 물러서지 않겠다는 분위기를 보여주었다.

② **변혁:** 2000년에서 2002년에 걸쳐서, 그때까지 일본기업이 생각하지 못했던 대담한 시책을 차차로 단행했다. 예를 들어, 국내의 전체 판매망을 재검토하여 전체 10%에 달하는 355개 판매점을 폐쇄했다. 그리고 연결자회사의 판매회사도 20% 가까이 줄여 80개사로 만들었다. 또한 거래선에도 일률적으로 20%의 가격삭감을 요구하여, 거기에 응할 수 없는 업체와는 거래를 정지시켰다. 나아가, 여러 개의 핵심 비즈니스를 매각하여 5,300억엔의 현금을 확보했다. 이러한 시책에 대해 일본의 몇 몇 매스컴은 상당히 비판적으로 보도하기도 했으나, 곤 회장은 아무런 동요 없이 개혁을 단행시켜갔다.

③ **재동결:** 곤 회장의 닛산은 아직 개혁 도상에 있다고 한다. 닛산 변혁의 재동결 프로세스는 훗날의 일이 될 것이다.

➡ 닛산 개혁 성공의 한 가지 포인트는 개혁안에서 약속했던 것을 확실하게 실현했다는 것, 그리고 그 도상에서 작은 성공을 거듭 축적해갔다는 점이다.

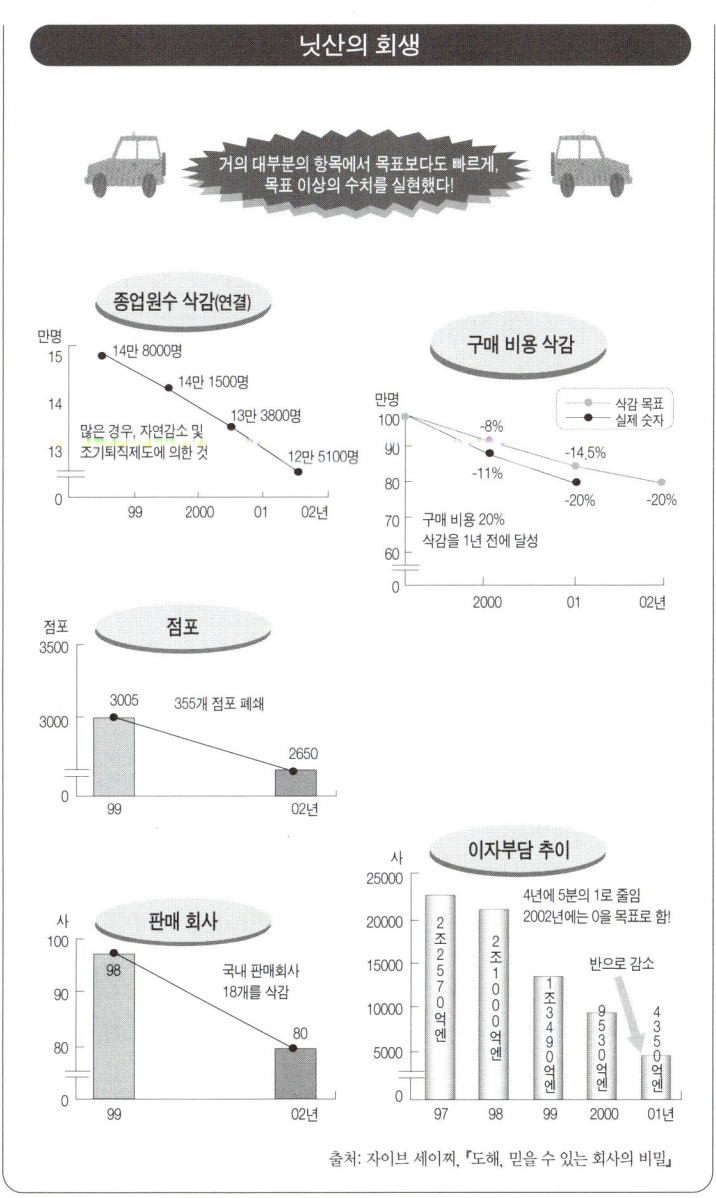

27

어떻게 직원들에게 의욕을 불러일으킬 수 있을까?
―― 동기부여와 인센티브

"통상적으로 상급 관리자들은 시간의 절반 이상을 사람 문제에 쓰고 있다"고 할 만큼 기업에서 사람을 움직이는 일은 대단히 중요하면서도 또한 어려운 문제이다. 조직의 구성원들이 의욕(모티베이션)을 갖게 하기 위해서는 동기유발의 원천과 의욕을 높여줄 인센티브(자극)의 구조를 알아야 한다.

| 일하게 만드는 동기 |

일에 관한 한, 인간은 크게 다음과 같은 3가지 동기를 지닌다. 기업의 경영자와 매니저는 조직의 구성원이 저마다 특정 동기에 대해 어떻게 상대적인 서열을 매기고 있는지를 잘 알아야 하며, 거기에 따라 효과적인 인센티브를 부여할 줄 알아야 한다.

① 금전적 동기

일을 함으로써 생활에 필요한 식량을 얻는 바와 같이, 가장 직접적인 동기이다.

② 집단에 대한 귀속의식과 그 집단에서의 자기현시(사회적 동기)

이것은 일정한 가치관을 공유할 수 있는 집단에서 안정된 사회생활을 영위하고자 하는 동기이다. 일단 어느 사회나 조직의 일원이 되면, 그것은 단순히 안정을 얻고 적응하기 위한 장이 될 뿐 아니라 그 속에서 자립하고, 평가받고, 권력을 얻고자 하는 욕구가 발생한다.

③ 자아실현 동기

학습과 성장이라는 단순한 목적에서 사회적 사명감을 수반하는 보다 높은 목적에 이르기까지, 정도의 차이는 있지만 인간은 누구나 목적을 지니며 권력욕과는 또 다른 차원에서 그 목적을 실현하고자 하는 욕망을 갖는다.

| 조직이 부여하는 인센티브 |

조직은 구성원의 의욕을 자극하기 위해 크게 5가지 범주의 인센티브를 제공한다. 거기에 대해 어떤 우선순위를 부여하며, 어떻게 효과의 계속성을 유지할 것인지가 실제 운영상의 문제가 된다.

① 금전적 보수

이것은 구체적이며 정량적이어서 쉽게 알 수 있으나, 당연시 되며 비용이 많이 드는 인센티브이다. 또한 일정 금액의 보수를 초과하면 한계적인 효과가 약해지는 경향도 있다. 덧붙일 점은 지나치게 금전적인 인센티브에만 의존하게 되면, 높은 보수를 제시하는 헤드헌팅 유혹에 사원들이 쉽게 응할 가능성도 있다는 것이다.

② 평가

높은 평가를 받을 때 사람들은 업무에 대해 전향적인 자세를 갖게 된다. 그리고 결과와 행동을 평가함으로써, 기업은 조직의 목적을 재확인할 수 있다. 지위와 권한, 그리고 명예는 중요한 인센티브가 된다.

③ 조직과 개인의 가치관 공유

기업의 경영이념과 경영자의 경영철학이 사원들의 공감을 얻을 때, 그것은 조직에 대한 헌신을 불러올 수 있게 된다. 자신의 이상과 조직이 지향하는 바가 일치한다고 느낄 때, 사원들은 사명감에 가까운 그 무엇을 가지고 일하게 된다.

④ 자아실현의 장 제공

사원들은 조직과 가치관의 공유까지는 아니라 할지라도 조직이 항상 자신을 보다 좋은 방향으로 이끌어가고 있다고 생각하거나, 스스로 성취감을 가지고 일할 수 있다고 느낄 때, 적극적으로 업무에 임하게 된다. 교육, 업무 배정 방식, 책임과 권한 부여 방식을 통해서 기업은 사원들에게 자신이 속한 직장이 자신을 움직이도록 만드는 일터라는 의식을 갖게 할 수 있다.

⑤ 동료들과의 인간관계와 리더의 매력 등 인적요소

속마음을 알아주는 동료의 존재는 안정감과 여유를 갖게 하며, 조

소프트뱅크의 스톡옵션 제도

소프트뱅크의 이념: 테크놀로지를 활용하여 인류의 지혜와 지식을 공유하고, 창조적이며 행복한 회사를 실현한다.

소프트뱅크의 스톡옵션: 연이어 신규사업을 창출하는 소프트뱅크이지만, 인센티브 제도에 있어서도 일본에서 가장 빨리 스톡옵션을 받아들인 회사이기도 하다. 1995년 당시는 상법 상, 미국식 스톡옵션이 운용될 수 없었기 때문에, 워런트(warrant)를 사용한 유사 스톡옵션을 도입했다. 1999년에는 순수지주회사로 이행한다는 기업전략을 지원하기 위한 인사제도로서 스톡옵션이 여러 단계로 활용되었다.

스톡옵션의 목적: 당시 스톡옵션을 도입한 목적은 다음과 같다.
① 기업과 사원의 모티베이션 합치
② 그룹 구심력 확보
③ 사외이사에 대한 동기부여

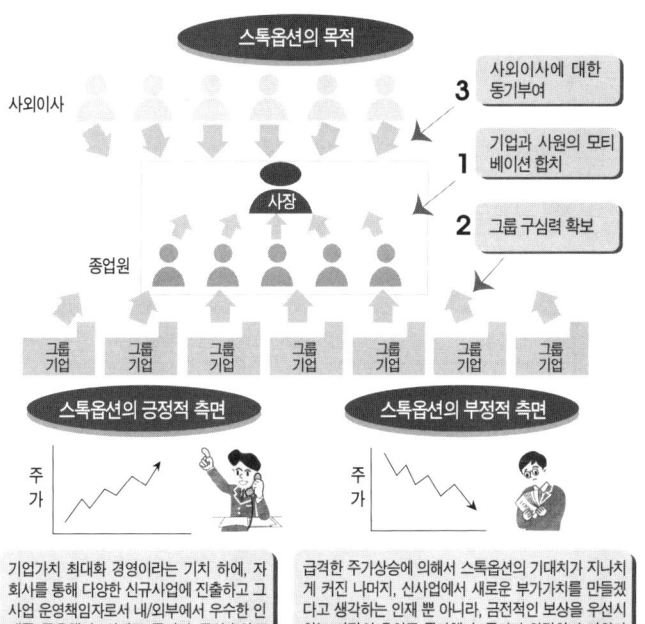

기업가치 최대화 경영이라는 기치 하에, 자회사를 통해 다양한 신규사업에 진출하고 그 사업 운영책임자로서 내/외부에서 우수한 인재를 등용했다. 실제로 주가가 급상승하고 자회사 상장의 가능성이 크다고 인식될 때는 직원들의 모티베이션 벡터가 합치하여 막대한 에너지가 되었다.

급격한 주가상승에 의해서 스톡옵션의 기대치가 지나치게 커진 나머지, 신사업에서 새로운 부가가치를 만들겠다고 생각하는 인재 뿐 아니라, 금전적인 보상을 우선시 하는 사람의 유입도 증가했다. 주가가 하락하여 자회사의 상장가능성이 희박해지면, 스톡옵션의 인센티브 효과가 감소한다(결과적으로 소프트뱅크의 이념에 진심으로 공감하는 사람만 남게 되어 체질이 강화되었다고도 한다).

효과적인 인센티브란...

2002년 2월, 미국계 컨설팅회사인 프라이스워터하우스쿠퍼스(현, 中央靑山PwC 컨설팅(주) HR솔루션室)가 일본기업에서 근무 의욕의 원천과 관련하여, 승진·승격, 회사 성장성 등 16개 항목에 걸쳐 우선순위 설문조사를 실시하여 그 결과를 발표했다. '매우 그렇다'(7점)에서 '전혀 그렇지 않다'(1점)까지 7단계로 응답하게 하고 집계했다. 가장 평균점이 높은 항목은 '업무에 대한 성취감'(5.97점)으로서, '보수'와 '주위의 평가'를 상회했다. 가장 낮았던 것은 '고용안정'으로 4.8점이었다.

순위	항목	평균점	순위	항목	평균점
1	업무 성취감	5.97	9	책임이 있는 업무	5.30
2	보수	5.91	10	도전기회	5.29
3	주위 평가	5.84	11	직장의 인간관계	5.24
4	공정한 평가	5.82	12	권한 위양	5.18
5	일을 통한 개인의 성장	5.63	13	회사의 방향성	4.99
6	상사의 리더십	5.42	14	사무실 환경	4.96
7	회사의 성장성	5.37	15	회사의 평판	4.89
8	승진/승격	5.36	16	고용 안정	4.80

직에 대한 귀속감을 주고, 사원들에게 활력을 불어넣어 준다. 또한 리더가 지닌 매력을 통해서, 사원을 조직목표 달성을 위해 일하게 할 수 있다.

적절한 인센티브를 설계할 때 유의해야 할 점은 장기적인 인센티브와 단기적인 인센티브간의 균형 및 개인과 팀의 균형이다. 금전적인 인센티브 중에서 단기적인 것으로는 수수료·보상금·상여금·포상여행 등이 있다. 장기적인 것으로는 승급·퇴직금·기업연금·스톡옵션 등이 있다.

또한 사업부 차원에서는 사원들끼리 서로 경쟁을 하게 하는 인센티브도 무방하나, 전체적으로는 사원들 간의 협조를 통해서 장기적으로 조직의 아웃풋을 높일 수 있는 인센티브 체계도 필요하다.

28

사원들은 정당한 평가를 바란다
—— 업적평가 시스템

| 평가시스템의 문제 |

앞 장에서 조직의 구성원에게 동기를 부여하는 인센티브에 대해 검토했다. 그러나 아무리 매력적인 인센티브 시스템을 만든다고 해도, 업적평가 시스템이 거기에 맞추어 균형을 이루지 못한다면 그 의미를 상실하게 될 것이다.

업적평가 시스템을 구축할 때 유의해야 할 것은 우선, 인센티브 시스템 이상으로 업적평가 시스템도 기업에 따라 큰 차이가 날 수 있다는 점이다. 업적평가는 특정한 목적을 기준으로 하여 이루어지는 것이고, 그 목적은 기업의 전략에 따라 달라지기 때문이다.

예를 들어, 성장 도상에 있는 회사는 전략상 신규개척이 중요하다. 따라서 신규개척을 얼마나 했는가가 업적평가에서 중요한 평가 기준이 된다. 그러나 안정성장기에 들어선 기업은 어떻게 효율적으로 기존

고객을 유지하고 매출을 높일 것인가가 업적평가상 우선순위항목이 될 것이다. 이처럼 최적의 업적평가 시스템은 기업에 따라 달라진다.

다음에 유의해야 할 점은 평가시스템에는 두 가지 목적이 있다는 것, 그리고 자사의 시스템이 그 중 어디에 적합한지의 여부이다. 그 목적 중 한 가지는 업적평가(인센티브에 반영시킨 것)이고, 다른 하나는 능력개발(피드백)이다.

업적평가에서 평가항목 작성의 포인트는 사람들이 납득할 수 있는 가의 여부이다. 또한 평가가 능력개발의 피드백에 사용되는 경우, 그 항목이 구체적인지, 여러 개의 항목으로 이루어졌는지, 대상자에 대한 충고가 적확하게 이루어질 수 있는지가 중요한 포인트가 된다.

| 퍼포먼스 평가의 정확성 |

업적평가의 정확성에는 한계가 있기 때문에 모든 사람이 100퍼센트 납득할 수 있는 정량적인 평가를 한다는 것은 현실적으로 불가능하다. 업적평가를 정확하게 하는 것이 바람직하기는 하나, 개인에 대한 평가를 전부 정량적으로 하기란 어려운 일이기 때문이다.

따라서 아무리 정치하게 평가항목을 작성한다고 해도 거기에는 주관이 개입하게 되고 그 결과, 개인의 주관적인 판단에 의해 어느 정도의 오류가 발생하게 된다. 그렇다고는 해도, 가능한 한 평가의 타당성을 높이기 위해서 다음과 같은 요소가 요구된다.

① 평가자는 피평가자를 직접적으로 평가할 수 있는 사람이어야 한다.
② 평가자는 피평가자와 접촉할 수 있는 기회를 많이 가져야 한다.

③ 다면적으로 평가한다.

이들 요소를 모두 충족시키기란 매우 어려운 일이지만, 업적평가는 시간과 비용을 들일만한 가치가 충분히 있는 일이다.

| 전략과 업적평가 시스템의 관계 |

업적평가 시스템은 기업의 전략과 부합되어야 한다. 다음 그림에서 '환경친화적 기업'이라는 브랜드를 만들고자 하는 캐논 사례를 살펴보기로 하자. 갑자기 새로운 기준을 개인평가에 적용하면 혼란이 생길 가능성이 높기 때문에, 캐논은 환경에 관련된 새로운 기준을 개인의 급여 및 상여에는 반영하지 않는다. 그러나 장기적인 개인평가에는 영향을 끼칠 것임을 알 수 있다.

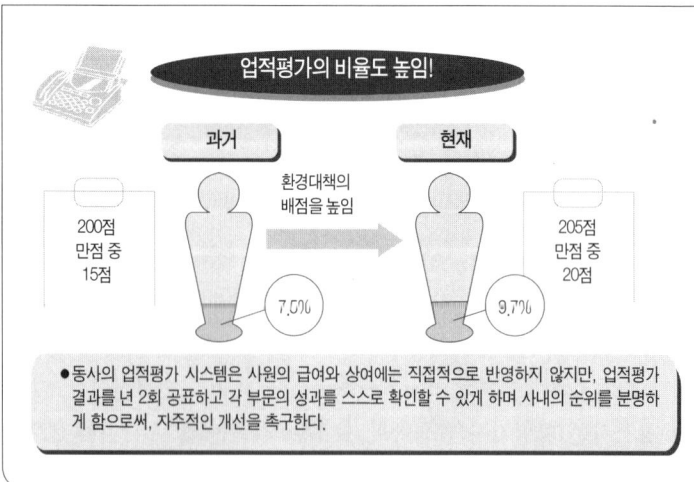

캐논의 업적 평가 시스템

캐논은 종래 시행하던 리사이클 등 환경대책을 업적평가에 반영시키는 제도를 전사적으로 확대했다. 현재 도입되어 있는 사업본부와 생산관련 사업장 이외, 지금까지는 상당한 국가와 지역이 환경규제와 인프라에서 차이를 보이기 때문에, 그 동안 평가에서 제외되어 있던 판매부문에도 도입이 결정됐다. 동시에 업적평가의 배점을 올리는 등, 내용을 한층 강화했다. 목표를 세세하게 설정함으로써, 환경대책을 밑에서부터 끌어올리는 것을 목표로 했다.

- 다양한 환경규제가 진행되고 있는 것에 수반하여 캐논은 환경대책이 제품경쟁력 강화와 리스크 감소로 이어진다고 판단하여, 2001년에 국내외의 사업본부와 생산관련 사업소의 업적평가에 환경대책 항목을 포함시켰다.
- 이번에 4개의 지역통괄회사를 포함하여 17개사의 판매부문이 환경관리 시스템의 노입과 너불어 사용이 끝난 제품의 회수/리사이클에 대한 평가항목을 설정했다. 종래의 6개 사업본부가 대상의 제도와 내용을 강화시키고 산하 생산관련사업소도 종래의 에너지전략과 폐기물 삭감에 더하여, 화학물질 배출에 대한 삭감목표를 설정했다.
- 또 전년도는 업적평가 점수 200점 만점 중 환경대책 관련 배점은 15점이었으나 이번에 제도를 전면적으로 도입하는 것에 수반하여, 205점 만점 중 약 10%를 환경대책에 할애했다.

환경대책에 전력을 다하자.
이것도 업적이다!

제품경쟁력 강화와 리스크 회피

판매부문

사업본부 / 생산관련 사업소

17사의 판매부문에도 확대

29

경영자여, 꿈을 말하라!
── 리더십

지금까지 어떻게 인센티브와 업적평가 시스템 등을 조직과 개개인의 동인에 맞추어 가면서, 최대한의 힘을 발휘시킬 것인지에 대해 살펴보았다. 그러나 실제로 거기에 대한 지침을 만들고, 기업을 통솔해 가는 존재는 바로 리더이다.

리더에게 필요한 리더십은 조직 내 권한의 범위에 관계없이 특정 목적을 향해서 사람의 행동을 이끌어내는 능력이다. 드림 인큐베이터의 호리 코이치 사장에 의하면 리더에 필요한 것은 다음 세 가지이다.

① 꿈을 그려내는 힘
② 꿈에 다가갈 수 있음을 보여주는 힘
③ 의사결정력

잭 웰치 외에 여러 명의 포춘 500대 기업 CEO를 배출시킨 GE사가

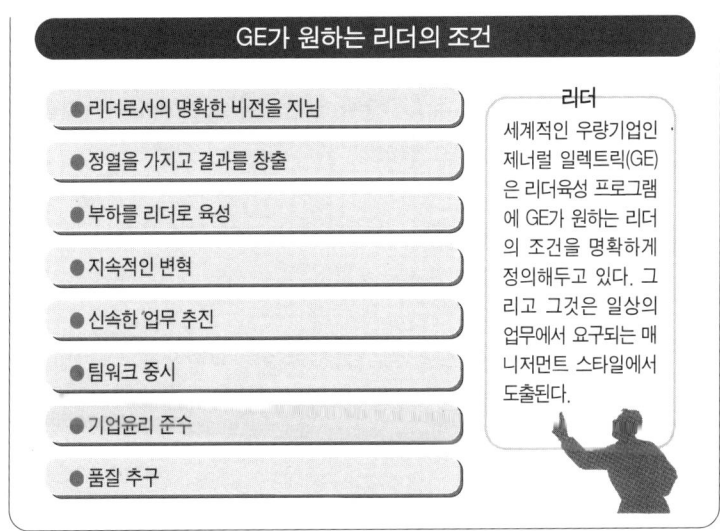

정의하는 리더의 조건에도 호리 코이치 사장이 이야기하는 것과 일맥상통하는 부분이 있다. 그러나 모든 조직과 계층에 절대적으로 들어맞는 리더십 스타일은 존재하지 않는다. 조직과 상황에 따라 적합한 리더십 스타일은 달라지기 때문이다.

폴 허시와 캔 블랜차드는 상황적응이론인 SL이론(Situational Leadership Model)에서, 몇 개의 리더십 스타일 유형을 제시하고 있다. SL이론에 의하면 리더십의 유효성은 부하의 성숙도에 따라 변하게 된다. '과업지향'과 '인간지향'으로 나눈 매트릭스에서 부하의 성숙도에 따라 각각의 비중이 달라진다.

1. 부하의 성숙도가 낮을 때는 과업지향을 강화시키고 인간지향을

약화시키는 지시적 리더십(Telling)이 유효하다.

2. 성숙도가 높아지면, 과업지향과 인간지향을 함께 강화시킨 설득적 리더십(Selling)이 유효하다

3. 성숙도가 보다 높아지면, 인간관계를 보다 강화시킨 상담적 리더십(Participating)이 유효하다

4. 부하의 자립이 완료되면 과업지향과 인간지향을 모두 약화시킨 위임적 리더십(Delegating)이 유효하다.

PART IV 조직
ORGANIZATION

PART V

회계 ACCOUNTING

30 회계를 모르고서는 의사결정을 할 수 없다
— 재무회계와 관리회계

31 이 기간 동안 수익과 손실은 얼마인가?
— 손익계산서(P/L, Profit & Loss Statement)

32 현재 회사의 재산 상태는 어떠한가?
— 대차대조표(B/S, Balance Sheet)

33 현금은 회사의 혈액이다
— 현금흐름계산서(C/F, Cash Flow Statement)

34 회사의 실태를 파악하여 문제점을 밝혀내라
— 재무비율 분석

35 제품을 어느 정도나 판매하면 좋을까?
— 손익분기점 분석

❝ 회계는 기업경영의 결과를 그 이해관계자에게 설명하기 위한 활동이다. 회계에는 주주, 채권자, 거래처 등 기업외부의 이해관계자에 대해 경영 결과를 보고하는 것을 목적으로 하는 '재무회계'와 기업내부의 경영관계자에게 경영상의 의사결정을 위해 요구되는 정보 제공을 목적으로 하는 '관리회계'가 있다. ❞

Master of Business Administration

30

회계를 모르고서는 의사결정을 할 수 없다
── 재무회계와 관리회계

    회계는 기업경영의 결과를 그 이해관계자에게 설명하기 위한 활동이다. 회계에는 주주, 채권자, 거래처 등 기업외부의 이해관계자에 대해 경영 결과를 보고하는 것을 목적으로 하는 '재무회계'와 기업내부의 경영관계자에게 경영상의 의사결정을 위해 요구되는 정보 제공을 목적으로 하는 '관리회계'가 있다.

    최근 들어 2001년 12월에 발생한 미국의 에너지 회사인 엔론의 파산을 계기로 회계문제가 중요하게 대두되고 있다. 엔론의 부채 총액은 400억 달러를 넘어섰으며, 미국 역사상 최대규모의 도산으로 기록되었다. 투자운용 실패로 인한 엔론의 거액의 부외부채는 회계에 대한 신뢰를 크게 뒤흔들었다.

    엔론의 회계감사를 맡았던 앤더슨은 세계 5대 회계법인의 하나로서 2만 8천명의 종업원을 거느리고 있었으나, 결국 이 사건으로 인해

89년 역사에 그 막을 내리게 되었다. 일본 국내에서도 엔론의 파산은 거액의 부외부채에 대해 전혀 알지 못한 채 엔론에 투자한 MMF(머니마켓펀드)의 원금 손실을 불러일으키게 되어 금융 문제를 야기시키기도 했다.

엔론 사태에서도 알 수 있듯이 투자 및 융자, 기타 기업거래에서 회계의 신뢰성이 보장된다는 것은 대단히 중요한 일이다. 또한 주요 회계정보에 대해 알지 못하면, 기업경영자의 의사결정에 오류가 발생하게 된다. 기업경영에 있어서는 공정한 회계가 요구되며, 경영자는 반드시 회계에 대해 잘 알아야 한다.

다음에는 주요 재무 3표를 중심으로 주요 항목과, 재무 데이터를 이용한 재무분석에 대해서 검토하기로 하자.

- 손익계산서(P/L: Profits & Loss)
- 대차대조표(B/S: Balance Sheet)
- 현금흐름계산서(C/F: Cash Flow Statement)

(주) 전통적으로 재무제표라고 하면 손익계산서와 대차대조표를 가리키지만, 최근에는 현금흐름계산표도 주요 재무제표에 포함시키고 있다.

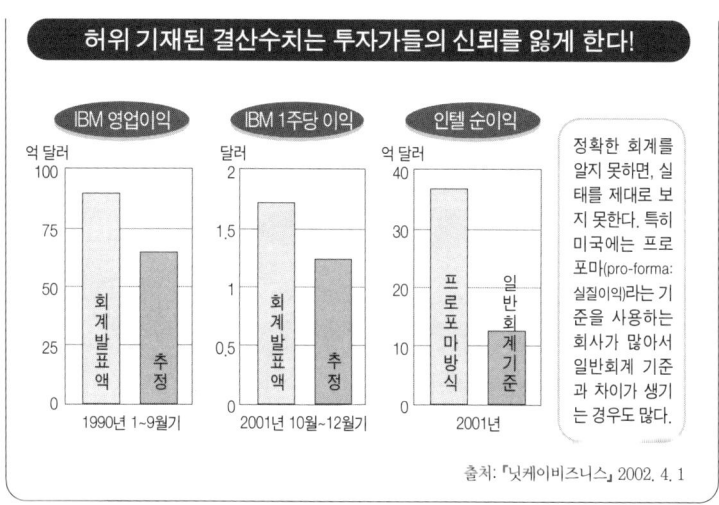

출처: 『닛케이비즈니스』 2002. 4. 1

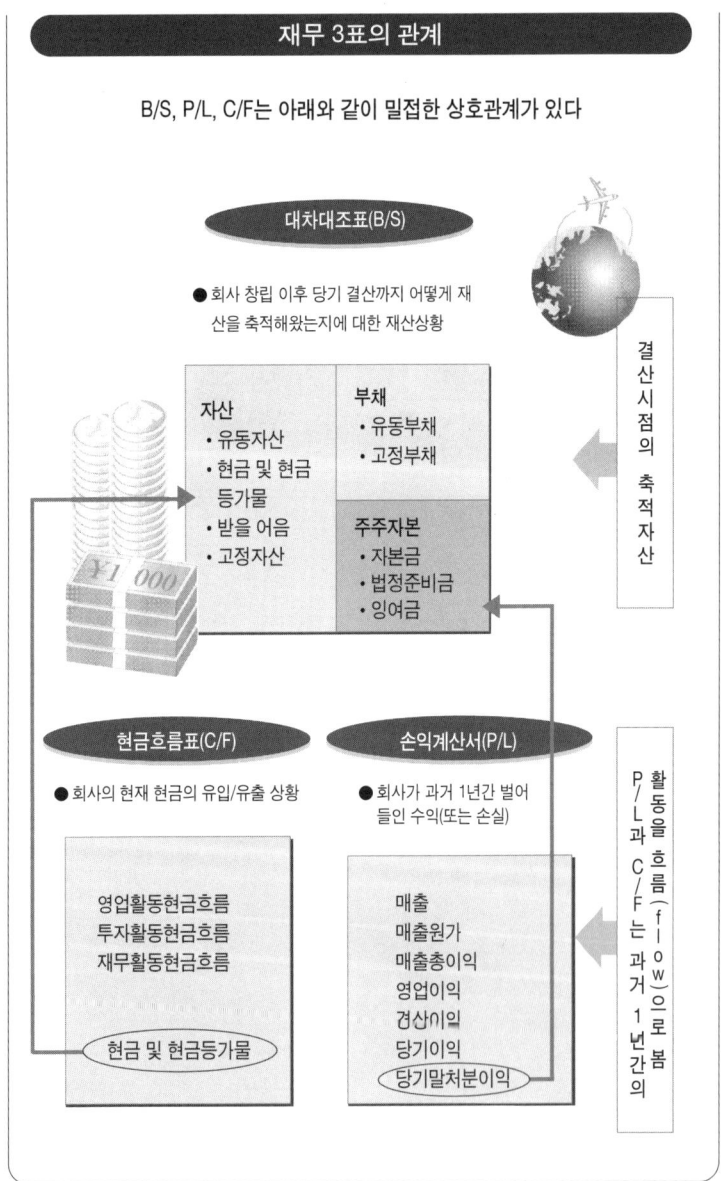

31

이 기간 동안 수익과 손실은 얼마인가?
── 손익계산서(P/L, Profit & Loss Statement)

    손익계산서(P/L)는 일정 기간에 대한 기업 경영 활동의 결과로서, 얼마를 벌어들였는지 (또는 손실을 보았는지)를 나타낸다.

    손익계산서에 표시되는 기간은 대개 1년 단위이고, 그 개시월(또는 결산기)은 임의로 결정되지만, 회계란 지속성을 매우 중시하기 때문에 한번 결정된 결산기를 바꾸는 일은 좀처럼 발생하지 않는다.

    덧붙여서 말하면, 일본 기업의 경우는 3월 결산이 많다. 또한 중간기 결산은 반년 기간 분에 대한 손익계산을 나타내며, 그때 연간 예측과 수정 등도 발표된다.

    1년간의 기업활동의 결과가 손익계산의 기본이 되며, 경영관리상 월별로 나누어 예산을 수립하고, 매월 그 예산과 실적을 대조하여 비즈니스가 계획대로 진행되는지를 확인한다(물론 이 예산과 실적간의 차이 확인은 현금흐름계산서에도 기록된다).

선진기업에서는 이 관리 기간을 1주 단위로 하여 신속한 의사결정에 활용하고 있으며, 소프트뱅크를 비롯한 소프트웨어 유통업에서는 이것을 다시 1일 단위로 줄인 '1일 결산'을 실천하는 곳도 등장하고 있다.

이익의 종류

1. 매출총이익
- 매출총이익은 매출액에서 매출원가를 차감한 것이다.
- 매출원가는 판매한 제품의 원가로서, 기초제품재고액에 당기의 제품제조원가(상품매입액)를 더하고 기말제품재고액을 뺀 것이다.
- 제품제조원가에는 원재료 및 부품대금을 비롯하여 생산직원의 인건비와 기계 감가상각비 등 제조에 직접적으로 관계한 비용이 포함된다.

2. 영업이익
- 영업이익은 매출총이익에서 판매비 및 일반관리비를 뺀 것으로서, 기업본래의 영업활동에 의한 이익이다.
- 판매비에는 판매직원의 인건비와 광고·선전비 등이 포함된다.
- 일반관리비에는 총무·경리직원의 인건비, 사무실 임대료와 광열비등이 포함된다.

3. 경상이익
- 경상이익은 영업이익에 영업외수익을 더하고 영업외비용을 뺀 것이다.
- 영업외수익에는 배당금수익과 이자수익 등 영업활동 이외의 경상적인 수익이 포함된다
- 영업외비용에는 지급이자, 사채이자, 할인료 등 영업활동 이외의 경상적인 비용이 포함된다.

4. 세전 당기이익
- 세전 당기이익은 경상이익에 특별이익을 더한 뒤, 특별손실을 뺀 것이다
- 특별이익과 특별손실은 일상의 활동 이외의 임시적으로 발생한 손익, 또는 전기 이전의 손익수정에 의한 손익이다.
- 부동산의 매각과 보유주식의 매각 등에 의한 이익은 특별이익이고, 손실은 특별손실로 구분된다.

5. 세후 당기이익
- 세후 당기이익은 세전 당기이익에서 법인세등(법인세, 주민세, 사업세)을 차감한 것이다.

손익계산서의 구조

수익 − 비용 = 손익(손실)

수익(In)은 주로 3종류임
1. 매출액
2. 영업외수익
3. 특별수익

비용(out)은 주로 4종류임
1. 매출원가, 제조원가
2. 판매비 및 일반 관리비
3. 영업외비용
4. 특별손실

이익은 주로 5종류임
1. 매출총이익
2. 영업이익
3. 경상이익
4. 세전 당기이익
5. 당기이익

다이킨공업주식회사의 제 98기 손익계산서 예시

매출액
- 제품판매 및 서비스 제공의 대금. 기업의 규모를 나타낸다

매출원가
- 기업 본연의 영업활동에 의한 매출수익을 얻기 위해서 사용된 비용
- 제조업의 경우, 재고 관리가 핵심이 된다

매출총이익
- 매출액에서 변동비인 매출원가를 차감한 이익

영업이익
- 기업 본연의 사업활동에서 얻은 이익을 나타낸다. 기업의 일반적인 영업성과를 파악하기 위해서 사용된다

영업외수익
- 기업 본연의 사업활동 이외의 부수적인 사업활동으로서, 주로 금융거래에 의한 수입을 나타낸다

경상이익
- 본업과 본업이외의 수익/손익을 포함시킨 회사의 이익을 표시한다. 해당 기업의 총체적인 능력을 파악할 수 있게 한다

특별이익
- 토지매각과 같은 임시 수익. 전기결산의 수정 등 이월 수익도 반영된다

세전당기이익
- 세금 차감 전 이익

당기순이익
- 세전 당기이익에서 세금을 차감한 최종이익

(단위: 백만엔)

과목	회계년도(연결) 기초: 2000년 4월 1일 기말: 2001년 3월 31일	
I. 매출액		531,908
II. 매출원가		356,324
매출총이익		175,584
III. 판매비 및 일반관리비		135,769
영업이익		39,814
IV. 영업외수익		
1. 수익이자	716	
2. 배당금수익	391	
3. 지분법에 의한 투자수익	324	
4. 수입 로열티	1,427	
5. 공조금 및 장려금	1,017	
6. 기타	1,443	5,321
V. 영업외비용		
1. 지급이자	5,215	
2. 지분법에 의한 투자손실		
3. 환차손	260	
4. 기타	2,136	7,613
경상이익		37,522
VI. 특별이익		
1. 토지매각 이익	14	
2. 투자유가증권 매각이익	5	
3. 관계회사 출자 매각이익		
4. 퇴직급여 충당금 환입금		20
VII. 특별손실		
1. 토지매각 손실	22	
2. 고정자산 폐기 손실	874	
3. 투자유가증권 평가 손실	436	
4. 관계회사 정리 손실	247	
5. 기타 투자평가 손실	727	2,308
세금등 조정전 당기이익		35,234
법인세 · 주민세 및	17,537	
법인세 등 조정액	(3,216)	14,320
소수주주 이익		974
당기순이익		19,939

판매비 및 일반관리비

- 생산활동 이외의 영업활동에서 생긴 비용

- 판매비는 영업활동을 위해 필요한 비용으로서, 광고선전비·판매촉진비·운반비·교제비등이 포함된다

- 일반관리비는 회사 전반의 업무를 관리하는데 사용된 비용으로서, 조세공과비·수도광열비·감가상각비·구인비 등이 포함된다

- 고정적인 비용이 많기 때문에, 정기적으로 증가하지 않도록 점검이 필요하다

영업외비용

- 부수적 사업의 손실과 금융거래 비용

특별손실

- 화재손실, 자회사 정리손실, 고정자산 매각손실, 유가증권 매각손실 등이 포함된다

32

현재 회사의 재산 상태는 어떠한가?
── 대차대조표(B/S, Balance Sheet)

　대차대조표(B/S)는 기업의 특정 시점(결산일 등 기말시점)의 재무상태를 표시한다. 이것에 의해서 회사가 설립된 때부터 어느 결산 시점까지 재산을 어떻게 축적해왔는지에 대한 재산상황을 알 수 있다.

　대차대조표는 기업이 사용하고 있는 자금의 조달원을 표시하는 부채와 자본, 그리고 자금의 운용형태를 나타내는 자산으로 구성된다. 따라서 이 구성을 보면 회사가 어디에서 어떻게 자금을 모아서, 어떻게 사용해왔는지를 알 수 있다. 나아가 사용해온 자금의 대부분이 차입금으로 조달되었는지, 또는 재산(자산)에서 빚(부채)을 뺀 실질자산(자본)이 마이너스가 되었는지(채무초과) 등처럼 회사의 건강상태를 측정할 수 있다.

　(주) 대차대조표를 표시하는 방식에는 일정한 규칙이 있다. 왼쪽에는 자산, 오

른쪽 상단에는 부채, 오른쪽 하단에는 자본을 표기한다. 또한, 부채나 자산도 현금화 가능성에 따라 위에서부터 아래로 순서대로 기입한다.

| 자산 |

자금 운용형태를 나타내는 자산은 다음 3가지로 구분된다.

① 유동자산
② 고정자산
③ 이연자산

또한 유동사산과 고정자산의 분류에는 '정상영업순환기준'과 '1년기준'이 적용된다. 정상영업순환기준은 '원재료매입, 생산, 판매, 대금회수'라는 사이클을 기준으로 하며, 이 과정에 있는 것은 회수기간의 길이에 상관없이 유동으로서 분류된다.

또한 1년기준에는 기한이 1년 이내에 도래하는 것을 '유동', 도래기간이 1년을 초과하는 것을 '고정'으로 분류한다.

| 부채 |

기업이 필요로 하는 자금 중 외부에서 조달된 것을 부채라고 한다. 부채도 자산과 마찬가지로 정상영업순환기준과 1년기준이 적용되며, 다음과 같이 분류된다.

① 유동부채
② 고정부채
③ 충당금

| 자본 |

자본은 기업활동을 위한 주식발행에 의해서 조달된 자금과 기업활동에 의해서 획득된 이익의 합계이다.

① 자본금
② 법정 준비금
③ 잉여금

덧붙여서 말하자면 부채는 원래 타인의 자금이므로 타인자본이라고 부르며, 자본은 자기자본이라고 부르는 것이 일반적이지만, 최근에는 주식회사의 자본은 기업이 아니라 주주 소유라는 인식에서 주주자본이라고 부르는 경우가 많아졌다.

이것은 많은 일본기업이 간접금융에서 벗어나 직접금융에 대한 의존도를 강화시켰기 때문에 주주에게서 위임받은 자금을 효율적/효과적으로 활용하지 않으면 안 된다는 압력이 강화되었다는 사실을 반영한다.

대차대조표에서 중요한 것은 대차대조표 앞부분에 서술된 회사의 건전도를 체크하는 것이다. 또한 기업이 어떤 활동을 하고 있는지, 대차대조표의 특정 부분이 어떻게 변하고 있는지에 대한 구체적인 상황을 파악하는 것도 경영자로서 대단히 중요한 일이다.

대차대조표(B/S)의 구성

「자산 = 부채 + 자본」이라는 공식에서 알 수 있듯이 좌우의 합계는 동일하다

상황에 따른 대차대조표의 변화

● 차량을 살 때

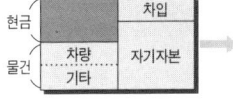 

현금이 감소하고 그 만큼 물건이 증가(전체적으로는 변화가 없음)

● 자산이 아닌 것에 비용을 지불할 때

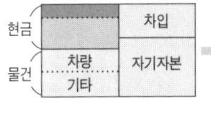 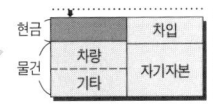

사람을 고용하기 위해서 경비를 사용하면 현금이 감소하고, 주주의 소유분도 감소한다

● 차량을 높게 매각할 때

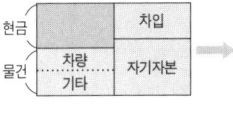 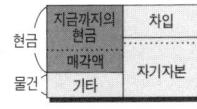

장부가격보다 높게 차량이 매각되었기 때문에, 이익분만큼 총자산과 주주의 소유분이 증가

● 차입을 일부 변제할 때

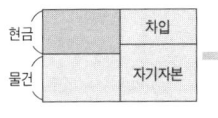 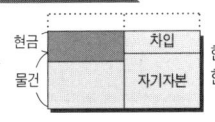

현금과 차입이 동액분 감소한다.

출처: 아이바 코지, 「MBA의 경영」

다이킨공업주식회사의 대차대조표(B/S) 예시

(단위: 백만엔)

과 목	금액 (2001년 3월 31일 현재)	구성비 %
자산		
I. 유동자산		
1. 현금 및 예금	30,737	
2. 받을어음 및 외상매출금	105,305	
3. 유가증권	5,064	
4. 재고자산	92,173	
5. 이연법인세 자산	9,159	
6. 기타	14,016	
7. 대손충당금	△1,118	
유동자산합계	255,338	56.3
II. 고정자산		
(1) 유형고정자산		
1. 건물 및 구축물	48,317	
2. 기계장치 및 운반구	44,438	
3. 토지	23,784	
4. 건설중인 자산	8,892	
5. 기타	10,290	
유형고정자산 합계	135,724	30.0
(2) 무형고정자산		
1. 특허권등	—	
2. 영업권	1,977	
3. 연결조정감정	1,982	
4. 기타	1,957	
무형고정자산 합계	5,918	1.3
(3) 투자 자산		
1. 투자유가증권	44,049	
2. 장기대여금	2,344	
3. 이연법인세자산	671	
4. 기타	11,124	
5. 대손충당금	△2,020	
투자자산 합계	56,161	12.4
고정자산 합계	197,803	43.7
III. 외화환산조정감정	—	
자산합계	453,142	100.0

(단위: 백만엔)

과 목	금액 (2001년 3월 31일 현재)	구성비 %
부채		
I. 유동부채		
1. 지급어음 및 외상매입금	65,859	
2. 단기차입금	58,384	
3. CP	6,000	
4. 1년내 변제예정의 장기차입금	13,123	
5. 미지급법인세등	11,602	
6. 이연법인세 부채	41	
7. 제품보증 충당금	3,855	
8. 미지급 비용	20,585	
9. 설비구입 지급어음	7,616	
10. 기타	16,698	
유동부채 합계	203,766	45.0
II. 고정부채		
1. 보통사채	40000	
2. 장기차입금	26,224	
3. 이연법인세 부채	2,271	
4. 퇴직급여 충당금	—	
5. 퇴직급부 충당금	904	
6. 임원퇴직급여 충당금	792	
고정부채 합계	70,192	15.5
부채 합계	273,959	60.5
소수주주 지분		
소수주주 지분	5,257	1.1
자본		
I. 자본금	28,023	6.2
II. 자본준비금	25,968	5.7
III. 연결잉여금	122,693	27.1
IV. 기타유가증권 평가액	4,802	1.1
V. 외화환산조정감정	△7,326	△1.6
소계	174,160	38.5
VI. 자기주식	△235	△0.1
자본합계	173,924	38.4
부채, 소수주주지분 및 자본 합계	453,142	100.0

(2001년)

33

현금은 회사의 혈액이다
── 현금흐름계산서(C/F: Cash Flow Statement)

| 현금흐름(cash flow)이란 무엇인가? |

현금흐름은 '현금, 예금 등의 흐름'을 의미한다. 기업에서 실제로 발생한 모든 현금의 흐름을 한 곳에 모은 것이 현금흐름계산서이다. 현금의 증감은 손익계산서에 표기되기는 하나, 손익계산서상의 수지와 현금의 수지가 반드시 일치하지는 않는다.

외상매출금에서 현금이 나중에 회수되는 경우와 원재료의 매입대금은 외상매입금으로서 추후에 지불되는 경우가 있기 때문에, 실제로 기업이 사용하는 현금과 손익계산서상의 이익 사이에는 차이가 발생하게 된다.

극단적인 경우, 손익계산서에 기재된 매출액이 회수불가능한 불량채권이라면, 그 이익이 현금의 형태로 실현될 수 없을 것이다. 또한 손익계산서상으로는 흑자라고 해도 현금이 회수되지 않아서 기업활동이 정체될 때, 소위 흑자도산이 발생하게 된다.

그렇기 때문에 기업경영에는 매출과 이익 확대를 위한 활동과 병행하여 현금수지의 관리가 대단히 중요하게 대두된다. 자금조달의 관리에 도움이 되는 것이 바로 현금흐름계산서이다.

| 현금흐름의 종류 |

현금흐름의 중요성이 인식되었으니, 구체적인 현금흐름에 대해 살펴보기로 하자. 현금흐름에는 다음과 같이 3종류가 있다.

① 영업활동으로 인한 현금흐름

영업활동으로 인한 현금흐름은 본업의 제품과 서비스의 거래를 대상으로 한다. 이것은 기업존속의 기반이 되며, 양(+)이 되어야 한다.

② 투자활동으로 인한 현금흐름

투자활동으로 인한 현금흐름은 유가증권의 취득/매각과 고정자산의 취득/매각에 의한 지출/수입을 반영한다.

③ 재무활동으로 인한 현금흐름

재무활동으로 인한 현금흐름은 단기/장기 차입에 의한 수입, 단기/장기 차입금의 변제에 의한 지출, 주주에 대한 배당금 등이 반영된다.

| 잉여현금흐름(free cash flow) |

여기서는 경영실무상 가장 일반적으로 사용되는 것으로서, 경영활동에서 발생하는 잉여현금흐름을 조금 더 상세하게 설명하도록 한다.

이것은 금융활동을 제외한 기업의 사업활동에 의해서 발생한 현금흐름에서 법인세를 차감한 것이다.

잉여현금흐름에는 본래의 영업활동이 아닌 재무활동에서 획득된 현금흐름이 포함되지 않기 때문에, 기업이 어떠한 형태로 필요자금을 조달하고 있는지에 관계없이, 이것은 순수한 의미에서 사업에서 발생한 것이라고 할 수 있다.

투자판단과 기업가치의 산정이라는 장기적인 의사결정을 수행하는 경우에는 이 잉여현금흐름을 사용하는 것이 일반적이다.

| 잉여현금흐름 산출 방법 |

잉여현금흐름을 구하는 방식은 통상적인 기업 활동에서 생기는 이익인 경상이익을 출발점으로 하여 다음과 같이 진행된다.

① **재무활동을 제외한 본업의 법인세 차감전 이익을 산출**(EBIT: Earning Before Interest and Tax): 손익계산서의 경상이익에 지급이자를 더해, 재무활동을 제외한 본업의 법인세 차감전 이익을 계산한다. 여기에 실질세율을 더하여 본업의 법인세 차감후 이익을 산출한다.

② **실제로 현금지급이 이루어지지 않은 비용 수정**: ①의 본업의 법인세 차감후 이익에 다음의 비용항목을 더한다. 감가상각비, 영업권 등의 무형고정자산 상각비, 각종 충당금 환입금 등을 더한다.

③ **비용이외 실제로 지급된 현금 수정**: 설비투자의 지급액등.

④ **운전자금(working capital)의 변화에 의한 수정**: 회계 법칙의 수익/비용과

다이킨공업의 2001년 연결현금흐름계산서

(단위: 백만엔)

과목	전회계년도(연결) 1999년 4월 1일 2000년 3월 31일 금액	당회계년도(연결) 2000년 4월 1일 2001년 3월 31일 금액
I 영업활동에 의한 현금흐름		
세금등조정전 당기순이익	19,418	35,234
감가상각비	19,139	19,484
연결조정감정 상각액	36	390
대손충당금의 증가(△감소)액	△527	624
이자 및 배당금수익	△759	△1,108
지급이자등	5,018	5,644
지분법에 의한 투자손실(△이익)	369	△324
유형고정자산 매각손실	713	874
투자유가증권 매각수입	△1,632	△5
투자유가증권 평가손실	1,828	436
관계회사 정리손실	-	247
기타 투자평가손실	-	727
매출채권의 감소(△증가)액	△3,222	6,774
재고자산의 감소(△증가)액	5,437	△3,855
매입채무 증가액	282	5,870
임원상여금 지급액	△100	△100
기타	△1,320	△7,606
소계	44,682	63,309
이자 및 배당금 수익	763	1,114
이자 지급액	△4,987	△5,659
법인세등의 지급액	△8,681	△10,216
영업활동에 의한 현금흐름	31,776	48,547
II 투자활동에 의한 현금흐름		
유형고정자산의 취득에 의한 지출	△15,607	△20,292
유형고정자산의 매각에 의한 수입	129	372
투자유가증권의 취득에 의한 지출	△5,259	△3,762
투자유가증권의 매각에 의한 수입	2,319	1,065
관계회사에 대한 출자(매수 포함)에 의한 지출	△2,786	-
연결 범위 변경을 수반한 자회사주식의 취득에 의한 지출	-	△529
관계회사 지분 일부매각에 의한 수입	607	-
기타	331	△55
투자활동에 의한 현금흐름	△20,265	△23,202
III 재무활동에 의한 현금흐름		
단기차입금의 순증가(△감소)액	658	△20,317
장기차입에 의한 수입	24	5,927
장기차입금의 변제에 의한 지출	△8,779	△5,785
배당금의 지급액	△2,638	△2,001
소수주주에 대한 배당금의 지급액	△304	△369
기타	△1	△233
재무활동에 의한 현금흐름	△11,039	△23,679
IV 현금 및 현금등가물에 관련된 환산차액	△568	382
V 현금 및 현금등가물의 증가(△감소)액	△96	2,047
VI 현금 및 현금등가물의 기초잔고	32,992	33,334
VII 신규연결에 수반한 현금 및 현금등가물의 증가액	438	99
VIII 현금 및 현금등가물의 기말잔고	33,334	35,481

현금 이동의 시차를 수정.

외상매출금, 받을 어음, 재고와 같이 영업 사이클에서 발생한 자산에 대해서는 그 증가분을 현금흐름에서 공제한다. 반대로 외상매입금과 지급어음 등 부채에 대해서는 그 증가분을 현금흐름에 가산한다.

34

회사의 실태를 파악하여 문제점을 밝혀내라
── 재무비율 분석

　기업의 실태를 파악하여 문제점을 찾아내기 위해서는 재무제표 분석이 유효하다. 구체적으로는 수익성·안전성·효율성의 3가지 측면에서 재무분석을 수행한다. 재무분석의 포인트는 우선 매출액과 이익의 절대치를 타사와 비교함으로써, 자사가 어느 정도의 위치에 있는가를 파악하는 것이다. 또한, 매출액과 이익의 절대치의 추이를 통해서 큰 트렌드를 살펴야 한다. 성숙기 시장에 속한 대기업인지, 아니면 매출이 작은 벤처가 급속하게 성장 중인지에 따라, 재무분석의 비율이 시사하는 의미가 변할 수 있다.

　그러면 구체적으로 재무비율 분석을 살펴보기로 하자. 비율분석은 그 목적에 따라 크게 다음과 같이 4가지로 분류할 수 있다.

① 종합력 분석

가장 기본적인 분석이다. 기업에 투입된 자금이 어느 정도 이익에 결부되어 있는가를 측정한다. 구체적으로는 총자산이익률(ROA)과 자기자본수익률(ROE)이 있으며, 이 수치가 커야 종합적인 수익력이 높은 회사이다.

② 수익성 분석

기업의 이익창출 능력을 구조적인 면에서 측정한다. 매출액총이익률, 매출액영업이익률, 매출액경상이익률, 매출액당기이익률 등이 있다.

③ 효율성 분석

투입되거나 묶여있는 자금을 어느 정도까지 감소시켜도 동일한 매출을 올릴 수 있는지를 분석하는 것으로서, 자금상의 효율성을 측정한다. 구체적으로는 총자산회전율, 매출액채권회전율, 재고회전율, 매입채무회전율이 있다.

④ 안전성 분석

부채 또는 자본의 구성이 안정되어 있는지를 분석하여, 자금상의 안정성과 여유를 측정한다. 구체적으로는 자기자본비율, 유동비율, 당좌비율, 고정비율, 고정장기적합률, 이자보상배율 등이 있다.

각각에 대한 간단한 계산식은 다음과 같다. 실제로 계산할 때는 4가지 비율분석의 종류를 염두에 두고, 재무 3표에 대한 분석을 실시하는 것이 간편할 것이다.

중요 지표

종합력 분석

ROA(총자산이익률) ROA = 경상이익÷총자산
ROE(자기자본수익률) ROE = 당기이익(법인세차감후이익)÷자기자본

수익성 분석

매출액총이익률   매출액총이익률 = 매출총이익÷매출액
매출액영업이익률 매출액영업이익률 = 영업이익÷매출액
매출액경상이익률 매출액경상이익률 = 경상이익÷매출액
매출액당기이익률 매출액당기이익률 = 당기이익÷매출액

효율성 분석

총자산회전율(회전기간)
총자산회전율 = 매출액÷총자산
총자산회전기간 = 총자산÷(매출액÷365)

매출채권회전율(회전기간)
매출채권회전율 = 매출액÷매출채권
매출채권회전기간 =매출채권÷(매출액÷365)

재고회전율(회전기간)
재고회전율 =매출원가÷재고자산
재고회전기간 =재고자산÷(매출원가÷365)

매입채무회전율(회전기간)
매입채권회전율 =매출원가÷매입채무
매입채권회전기간 =매입채권÷(매출원가÷365)

안전성 분석

자기자본비율 자기자본비율 = 자본÷(부채 + 자본)
유동비율   유동비율 = 유동자산÷유동부채
당좌비율   당좌비율 = 당좌자산÷유동부채
(당좌자산에는 현금예금, 받을어음, 미수금, 유가증권등이 포함됨)

고정비율   고정비율 = 고정자산÷자기자본
고정장기적합률 고정장기적합률 = 고정자산÷(고정부채 + 자기자본)
이자보상배율   이자보상배율 = (영업이익 + 금융수익)÷지불이자

출처: 니시야마 시게루, 「MBA 어카운팅」

다이킨공업의 재무비율분석 (1)

여기서는 대전제가 되는 매출규모와 증가분, 이어 수익력을 살펴본다. 추이를 보기 위해서는 5년 정도의 기간을 볼 필요가 있다.

		단위	1997 1998 3월기	1998 1999 3월기	1999 2000 3월기	2000 2001 3월기	2001년도 2002 3월기
매출액		억엔	4,625	4,643	4,631	5,319	5,388
	전년도 대비 신장률	%	—	0	0	15	1
경상이익		억엔	138	157	203	375	403
	매출액 경상이익률	%	3.0	3.4	4.4	7.1	7.5
당기이익		억엔	55	62	105	199	179
	매출액 당기이익률	%	1.2	1.3	2.3	3.7	3.3

매출액이 4,500억엔이 넘는 패키지에어컨에서는 40% 가까운 시장점유율을 갖고 있는 공조기기 대기업인 다이킨공업의 경우 매출액은 1997년, 98, 99년 모두 비슷했지만, 2000년에는 다시 성장을 보여준다. 여기서 특기할 사항은 이익률도 증가했다는 점이다. 1997년에는 3% 정도로 일본의 제조업으로서는 평균적인 경상이익률을 보였으나, 2001년에는 7.5%로 배 이상 증가했고, 당기이익률도 1997년의 1.2%에서 2001년에는 3.7%로 상승하여, 수익성이 순조롭게 향상되고 있다는 것을 알 수 있다. 매출규모의 성장과, 이익률의 성장을 동시에 달성하는 것은 통상적으로 어려운 일이다. 그 점에서 다이킨이 특별히 우수한 회사라는 것을 알 수 있다.

그러면 이와 같은 개선은 기업본래의 영업활동에서 발생한 것인가? 그렇지 않으면 재테크에서 생긴 것일까? 그것은 영업이익률의 추이를 보면 알 수 있다. 지면 관계상 이 표에는 포함되어 있지 않지만, 1999년에서 2000년에 걸쳐 영업이익률도 5.6%에서 7.5%로 개선되었다는 점에서, 이익률의 향상이 본업에서 발생한 것임이 판명된다.

다이킨공업의 재무비율분석 (2)

(단위: 백만엔)

과 목	당 회계년도(연결) 2001년 3월 31일 현재	
	금액	구성비 %
자산		
I. 유동자산		
1. 현금 및 예금	30,737	
2. 받을어음 및 외상매출금	105,305	
3. 유가증권	5,064	
4. 재고자산	92,173	
5. 이연법인세 자산	9,159	
6. 기타	14,016	
7. 대손충당금	△1,118	
유동자산합계	255,338	56.3
II. 고정자산		
(1)유형고정자산		
1. 건물 및 구축물	48,317	
2. 기계장치 및 운반구	44,438	
3. 토지	23,784	
4. 건설중인자산	8,892	
5. 기타	10,290	
유형고정자산 합계	135,724	30.0
(2)무형고정자산		
1. 특허권등	—	
2. 영업권	1,977	
3. 연결조정감정	1,982	
4. 기타	1,957	
유형고정자산 합계	5,918	1.3
(3)투자와 기타 자산		
1. 투자유가증권	44,049	
2. 장기대여금	2,344	
3. 이연법인세 자산	671	
4. 기타	11,124	
5. 대손충당금	△2,029	
투자와 기타자산 합계	56,161	12.4
고정자산합계	197,803	43.7
III. 외화환산조정감정	—	
자산합계	453,142	100.0

(단위: 백만엔)

과 목	당 회계년도(연결) 2001년 3월 31일	
	금액	구성비 %
부채		
I. 유동부채		
1. 지급어음 및 외상매입금	65,859	
2. 단기차입금	58,384	
3. 기업어음	6,000	
4. 1년내 변제예정의 장기차입금	13,123	
5. 미지급법인세등	11,602	
6. 이연법인세 부채	41	
7. 제품보정충당금	3,855	
8. 미지급비용	20,585	
9. 설비구입 지급어음	7,616	
10. 기타	16,698	
유동부채합계	203,766	45.0
II. 고정부채		
1. 보통사채	40,000	
2. 장기차입금	26,224	
3. 이연법인세부채	2,271	
4. 퇴직급여 충당금		
5. 최직급부 충당금	904	
6. 임원퇴직급여 충당금	792	
고정부채 합계	70,192	15.5
부채합계	273,959	60.0
소수주주지분	5,257	1.1
자본		
I. 자본금	28,023	6.2
II. 자본준비금	25,968	5.7
III. 연결잉여금	122,693	27.1
IV. 기타유가증권 평가차액	4,802	1.1
V. 외화환산조정감정	△7,326	△1.6
소계	174,160	38.5
VI. 자기주식	△235	△0.1
자본합계	173,924	38.4
부채, 소수주주지분 및 자본합계	453,142	100.0

(2001년)

1 우선 자기자본비율을 살펴보자

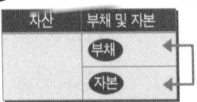

● 자기자본비율 = $\dfrac{\text{자본}}{\text{부채} + \text{자본}}$

$= \dfrac{173,924}{453,142} = 38.4\%$

▶ 자기자본비율이 높은 경우에는 안정성은 있으나 기동력 없는 경영을 수행하고 있다고 판단되며, 반대로 그 비율이 낮은 경우에는 경영의 안정성이 결여되어있다고 볼 수 있다. 다이킨은 그 점에서 양자의 균형을 이루었다고 할 수 있다. 대개 자기자본비율 30%정도가 평균이다.

(2) 이어 유동비율과 당좌비율을 살펴보자

자산	부채 및 자본
유동자산 · 현금 · 받을 어음 · 외상매출금 · 유가증권 · 재고자산	유동부채

● 유동비율 = $\dfrac{\text{유동자산}}{\text{유동부채}}$

= $\dfrac{255,338}{203,766}$ = 125.3%

▶ 이것은 아무리 낮아도 120%를 넘어야 한다.
유동비율이 높으면 높을수록 자산가치 하락에 대한 내구력이 있다고 할 수 있으며, 다이킨은 그 점에서 양호한 상태를 보이고 있다.

● 당좌비율 = $\dfrac{\text{당좌자산 (현금, 받을 어음, 외상매출금, 유가증권)}}{\text{유동부채}}$

= $\dfrac{30,737 + 105,305 + 5,064}{203,766}$ = 69.2%

▶ 당좌비율은 유동비율보다도 엄격한 기준에서 안정성을 평가하는 것이고, 얼마나 용이하게 현금화 할 수 있는지를 보여주는 지표이다. 다이킨의 경우, 유동자산 중 재고자산의 비율이 커서, 당좌비율이 69%가 되었다. 전년도 당좌비율이 74%에서 약간 하락한 것은 매출 증가로 인해 재고가 팽창되었기 때문일까? 가능하면 이것도 100%를 넘는 것이 바람직하다.

(3) 고정장기적합률을 살펴보자

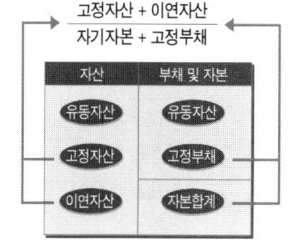

X 100 = 고정장기적합률

= $\dfrac{197,803}{173,924 + 70,192}$ = 81%

▶ 장기자본(자기자본 + 고정부채)으로 고정자산을 어느 정도 조달하고 있는지를 나타내는 비율이며, 표준비율은 100% 이하이다.

▶ 이것이 높아질수록, 장기에 걸친 고정지급을 단기부채로 조달하는 것이고 따라서 위험도가 증가한다. 다이킨의 81%는 거의 평균치라고 말할 수 있다.

35

제품을 어느 정도나 판매하면 좋을까?
―― 손익분기점 분석

손익분기점은 손익이 0이 되는 시점의 매출액을 말한다. 신제품을 발매할 때는 최소한 손익이 0이 되려면 제품을 얼마나 팔아야 하는지를 미리 파악해 두어야 한다.

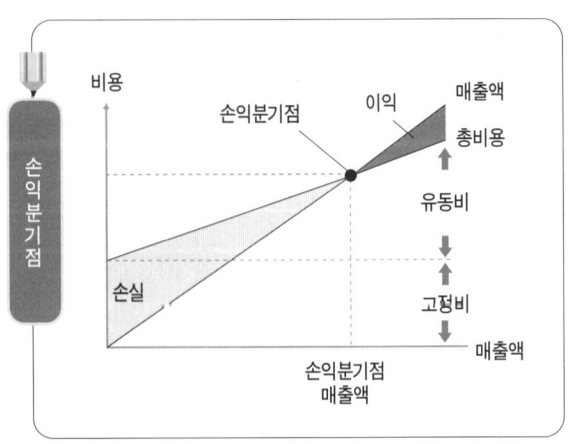

PART VI

기업재무 CORPORATE FINANCE

36_ 장래 어느 정도의 가치를 기대할 수 있을까?
— 시간적 가치

37_ 회사의 자본비용을 파악한다
— 자본비용: WACC

38_ 투자에 대해 어느 정도의 수익을 기대할 수 있을까?
— 자본비용: CAPM

39_ 장차 이 회사의 주식은 상승할까? 하락할까?
— 주가수익비율: PER

40_ 무엇을 토대로 주식을 평가하는가?
— 주가순자산비율: PBR

41_ 도대체 현금으로 어느 정도 수익을 올릴 수 있을까?
— DCF법

필요한 매출액을 계산해보자

손익분기점 매출액

$$= \frac{고정비}{\left(1 - \dfrac{변동비}{매출액}\right)} = \frac{고정비}{한계이익률}$$

목표이익 달성을 위한 필요 매출액

$$= \frac{고정비 + 목표이익}{\left(1 - \dfrac{변동비}{매출액}\right)} = \frac{고정비 + 목표이익}{한계이익률}$$

조건 / 예

고정비 50만엔
현재매출액 250만엔, 변동비 150만엔
목표이익 120만엔일 때

손익분기점 매출액

$$= \frac{50만엔}{\left(1 - \dfrac{150만엔}{250만엔}\right)} = 125만엔$$

목표이익 달성을 위한 필요 매출액

$$= \frac{50만엔 + 120만엔}{\left(1 - \dfrac{150만엔}{250만엔}\right)} = 425만엔$$

66 기업재무는 경영을 돈의 관점에서 관리하는 것이다. 기업의 가치를 최대화하기 위한 자금 조달 등, 기업이 생산과 판매 등의 활동을 하기 위해 어떻게 자금을 조달하고 어떻게 그것을 운용할 것인지를 고려하는 것이 바로 기업재무이다. 99

Master of Business Administration

36

장래 어느 정도의 가치를 기대할 수 있을까?
―― 시간적 가치

　재무(finance)에서 중요한 것은, 어느 특정 시점에서의 가치를 산정하는 것이다. 거기서 문제는 장래의 수입(현금흐름)이 어느 정도인지, 그에 따른 리스크와 리스크에 기반한 할인율은 어느 정도인지 하는 것이다.

　현재의 100만엔과 1년 후의 100만엔은 어느 쪽이 더 가치가 클까? 만약 금리가 년 10%라고 한다면, 1년 후에는 110만엔이 되기 때문에 1년 후 쪽이 가치가 크다고 생각될지 모르지만, 사실은 그렇지 않다. 결국, 현재의 100만엔은 1년 후의 110만엔과 동일하기 때문에 현재의 100만엔 쪽이 가치가 더 큰 것이다. 이렇게 생각하면, 반대로 1년 후의 100만엔은 현재가치(PV: Present Value)로 환산하면 100만엔에 미치지 못한다. 이것이 바로 시간적 가치이다.

　일반적으로 말해서, 장래가치(FV: Future Value)에서 현재가치를 산출하면 액면이 내려가는데, 그 환산에 사용하는 이율(지금의 경우는 10%)을 할인율(Discount Rate)이라고 한다. 물론 현재가치에서 장래가치를 구할 때, 그 이율은 금리가 된다.

● 현재가치 계산(예시)

예를 들어 어느 회사가 당신에게 현재시점에서 1년 후의 기말에 100만엔의 특별보너스를 5년간 지급할 플랜을 가지고 있다고 하자. 현재시점에서 이 특별 보너스에 대한 현재가치는 얼마일까?

현재 금리(할인율)가 년 10%이고 장래도 일정하다고 가정하자. 이 플랜의 현재가치가 500만엔은 아니라는 것 쯤은 이미 감지했을 것이다.

지금 단순히 5년간 100만엔을 계속 받는다고 하면,

100만엔 x 5년 = 500만엔

만약 지금 당신의 수중에 500만엔이 있고, 그것을 년 10%의 금리로 5년간 저금한다고 하면, 5년 후의 그 자산에 대한 장래가치는 805.26만엔이다.

$FV = 500 \times (1+0.1)^5 = 805.26(만엔)$

그런데, 매년 당신에게 특별 보너스로 주어지는 100만엔을 5년간 동일 금리로 저금을 한다면, 그 자산의 장래가치는 610.51만엔이 된다.

FV = 100 × (1+0.1)^4 + 100 × (1+0.1)^3 + 100 × (1+0.1)^2 +

100 × (1+0.1) + 100 = 610.51(만엔)

따라서 이 특별 보너스 플랜의 현재가치는 500만엔에 미치지 못한다는 점이 분명해진다. 실제로 이 특별 보너스 플랜의 현재가치를 계산해보면, 379.06만엔에 지나지 않는다.

PV = 100 × 1/(1+0.1) + 100 × 1/(1+0.1)^2 + 100 × 1/(1+0.1)^3 +

100 × (1+0.1)^4 + 100 × (1+0.1)^5 = 379.06(만엔)

다음에는 최초의 투기 후에 매년 현금흐름이 발생하는 경우를 살펴보기로 하자.

예를 들어, 지금 200만엔을 들여 자동차를 구입하고, 그 차를 연간 60만엔으로 5년간 임대하는 사업이 있다고 하자. 그 차의 5년 후의 시장가치는 0, 할인율은 10%라고 가정하자. 또한 차의 임차인은 결정되어 있으며 5년간 임대를 유지하고, 매년 기초에 요금을 지불하는 계약을 체결한다고 하자. 이것은 수익성이 있는 사업일까?

이 사업의 순현재가치(NPV: Net Present Value)를 구해보면, 50.19만엔의 가치가 있음을 알 수 있다.

NPV = -200 + 60 + 60/(1+0.1) + 60/(1+0.1)^2 + 60/(1+0.1)^3 + 60/(1+0.1)^4

= 50.19(만엔)

따라서 이것은 수익성이 있는 투자가 될 것이다. 순현재가치를 0으로 하는 할인율을 내부수익률(IRR: Internal Rate of Return)이라고 한다.

특별보너스 플랜의 현금흐름

1 500만엔을 금리 10%의 은행예금에 예치하면 5년 후의 장래가치는

장래가치 = 예금액 × (1+금리)^{년수}
       = 500만엔 × (1+0.1)^5 = 805.26만엔

2 매년 기말에 100만엔을 5년간 걸쳐서 받고, 그것을 금리 10%의 은행예금에 예치했을 때, 5년 후의 장래가치는

1년차의 예금분 100만엔 × (1+0.1)^4 = 146.41만엔
2년차의 예금분 100만엔 × (1+0.1)^3 = 133.1만엔
3년차의 예금분 100만엔 × (1+0.1)^2 = 121만엔
4년차의 예금분 100만엔 × (1+0.1) = 110만엔
5년차의 예금분 100만엔

합계 = 146.41만엔 + 133.1만엔 + 121만엔 + 110만엔 + 100만엔 = 610.51만엔
➡ 합쳐서 은행에 예치한 편이 유리

3 특별보너스플랜의 현재가치

1년차 100만엔 ÷ (1+0.1) = 90.9만엔
2년차 100만엔 ÷ (1+0.1)^2 = 82.64만엔
3년차 100만엔 ÷ (1+0.1)^3 = 75.13만엔
4년차 100만엔 ÷ (1+0.1)^4 = 68.30만엔
5년차 100만엔 ÷ (1+0.1)^5 = 62.09만엔

현재가치는 시간이 경과할수록 하락한다

합계 = 90.9만엔 + 82.64만엔 + 75.13만엔 + 68.30만엔 + 62.09만엔 = 379.06만엔
➡ 현재가치로 환산하면 500만엔의 가치에 미달한다

● 매몰비용(Sunk Cost)

매몰비용은 어느 특정 사업에 대한 사용 여부에 관계없이, 과거에 투입된 비용이다. 매몰비용이 개입되어 있는 경우에도 어느 사업에 대한 의사결정은 금후의 현금흐름만으로 판단되어야 한다. 매몰비용을 금후의 현금흐름에 포함시키면 오류가 발생하기 때문이다.

예를 들어, 어느 기업이 5년 전에 10억엔의 토지를 구입하였으나, 현재 그 토지의 시가가 2억엔으로 하락했다고 하자. 그 기업이 그 토지에 5억엔을 들여 신사옥을 건립할 경우, 투자판단의 기준은 어디까지나 2억엔(토지대) + 5억엔(신사옥건설비) = 7억엔으로 해야 한다. 따라서 현재가치인 7억엔 이상의 현금흐름이 기대되면 투자하는 것이 좋고, 그 이하가 되면 그만둘 수밖에 없다. 여기서 5년 전에 토지구입에 사용된 10억엔은 매몰비용이고, 투자액으로 간주해서는 안 된다.

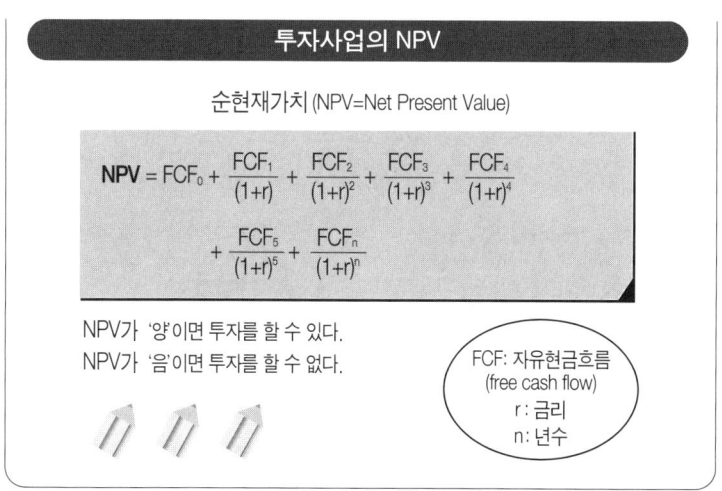

투자사업의 NPV

순현재가치 (NPV=Net Present Value)

$$NPV = FCF_0 + \frac{FCF_1}{(1+r)} + \frac{FCF_2}{(1+r)^2} + \frac{FCF_3}{(1+r)^3} + \frac{FCF_4}{(1+r)^4} + \frac{FCF_5}{(1+r)^5} + \frac{FCF_n}{(1+r)^n}$$

NPV가 '양'이면 투자를 할 수 있다.
NPV가 '음'이면 투자를 할 수 없다.

FCF: 자유현금흐름 (free cash flow)
r: 금리
n: 년수

영속가치와 성장영속가치

영속가치

영속가치(Perpetuity)는 일정한 할인율 하에서 일정한 현금흐름을 장래 계속 받을 경우에 있어서의 현금흐름의 현재가치를 의미한다. 영속가치는 다음과 같은 공식으로 구할 수 있다.

$$영속가치 = \frac{매년의 현금흐름}{할인율}$$

(예) 어떤 복권에 당첨되면, 당첨자에게는 매년 100만엔이 지급되고 그것이 그 자손에게도 영구적으로 지불된다고 하자. 할인율은 5%로 장래에도 일정하다.

영속가치 = 100 ÷ 0.05 = 2,000(만엔)
➡ 그 복권의 영속가치는 2,000만엔이다.

성장영속가치

성장영속가치는 장래 취득 또는 지급받는 매년의 현금흐름이 일정한 비율로 영구적으로 성장을 지속하는 경우에 있어서의 현금흐름의 현재가치이다. 성장영속가치는 다음과 같은 공식으로 구한다.

$$성장영속가치 = \frac{1년 후의 현금흐름}{할인율 - 현금흐름 성장률}$$

단, 할인율 > 현금흐름 성장률

(예) 현재 금후 2년간, 연말에 2,000만엔의 현금흐름을 가져오는 사업이 있다고 하자. 3년 후에는 현금흐름이 5% 성장하며, 그 후에도 현금흐름은 매년 5% 성장한다고 하자. 기대수익률은 10%이다.

1년차, 2년차의 현금흐름의 현재가치 = $2,000(1/(1.1)^1 + 2,000(1/(1.1)^2)$
= 3,471.07만엔 …… ⓐ
2년 후의 성장영속가치(종가) = (2,000×1.05)/(0.10-0.05) = 4,200만엔
2년 후의 이 사업의 성장영속가치는 4,200만엔이다.
최종금액의 현재가치 = $4,200/(1.05)^2$ = 3,809.52만엔 …… ②
이 최종금액의 현재가치는 3,809.52만엔이다.
사업의 현재가치 (①+②) = 3,471.07 + 3,809.52 = 7,280.59만엔
➡ 이 사업의 현재가치는 7,280.59만엔이다.

기업재무는 경영을 돈의 관점에서 관리하는 것이다. 기업은 주주와 금융기관으로부터 자금을 조달하고 그것을 자본으로 하여 사업에 투자한다. 그리고 사업활동을 통하여 투자자금을 회수하여, 그 회수한 자금으로 주주와 금융기관에 수익을 지불하고, 남은 분을 재투자하여 이윤을 최대화하려고 한다. 결국 기업의 가치를 최대화하기 위한 자금 조달 등, 기업이 생산과 판매 등의 활동을 하기 위해 어떻게 자금을 조달하고 어떻게 그것을 운용할 것인지를 고려하는 것이 바로 기업재무이다.

37

회사의 자본비용을 파악한다
── 자본비용: WACC

시간적 가치를 산정하기 위해서 사용되는 할인율에는 금리, 기대수익률, 자본비용 등이 있다. 자본비용은 자금조달을 위한 이자율을 나타낸다. 정부 프로젝트나 기본적으로 리스크가 없다고 생각되는 사업에는 국채이자 등 안전증권이자율(무위험이자율: risk free rate)이 사용된다. 한편 자금제공자 측에서 볼 때, 자본비용은 기대수익률이 된다. 따라서 기대수익률과 자본비용은 용도에 의해서 명칭이 달라지는 것일 뿐, 기본적으로는 동일한 것이다.

자본비용은 무위험이자율에 위험(불확실성)과 기회비용(어느 사업에 사용됨으로써 잃게 된 기획에 대한 비용)을 더하여 구한다.

| 가중평균자본비용(WACC) |

자본비용의 대표적인 계산법으로서 가중평균자본비용(WACC:

Weighted Average Cost of Capital)이 있다.

가중평균자본비용 = 자기자본비용 x 자기자본비율 + 타인자본비용 x (1 - 법인세율) x 부채비율

기업의 자기자본비용은 주주가 기업에 대해 기대하는 수익률이다. 자기자본비용은 다음과 같은 몇 가지 의미를 갖는다.

● 자기자본비용의 의미

- 기업은 주주에게 확정된 배당을 약속하지 않기 때문에 0이 된다.
- 주주는 주식투자 이외의 방법, 즉, 사채를 인수하거나 융자라는 형태로 기업에 자금을 공급할 수 있기 때문에, 그 하한선은 기업의 차입금리이다.
- 기업의 과거 배당실적, 동업종 타사의 배당, 기업의 성장성 등에 의해서 산출된 배당 이익률이다.
- 기업의 세후 수익률이다
- 시장의 평균 이자율이다.
- 국채 등 안전증권이자율(무위험이자율)에 투자의 사업 리스크를 더한 것이다 (자본자산평가모델: CAPM이라고 부른다).

자기자본비용을 구하는 데 어떤 확정된 공식은 없지만, 미국 기업을 중심으로 국제적으로 CAPM 방식이 널리 이용되고 있다. CAPM에 대해서는 뒤에서 상세하게 소개하겠다.

자기자본비율과 부채비율은 총자본(자기자본과 타인자본의 합계

자본비용(WACC)

자본비용=자금조달비용

대차대조표

| 자산 | (변제필요) 부채 | } 부채비용 |
| | (변제불필요) 자본 | } 자기자본비용 |

자본비용
=
자금의 조달은 부채와 자본에 의한 것이므로 양자의 조달비용에 대한 가중평균에 의해 계산된다.

가중평균자본비용(WACC)

$$WACC = 자기자본비용 \times \frac{자기자본}{(부채+자기자본)} + 부채비용 \times (1-법인세율) \times \frac{부채}{(부채+자기자본)}$$

WACC의 계산

예

조건	부채액	3억엔
	자기자본	1억엔
	부채비용	3.6%
	자기자본비용	9%
	법인세율	40%

$$WACC = \underset{자기자본비용}{9\%} \times \frac{1억엔}{(3억엔 + 1억엔)} + \underset{부채비용}{3.6\%} \times (1-40\%) \times \frac{3억엔}{(3억엔 + 1억엔)}$$

$$= 2.25\% + 1.62\%$$
$$= 3.87\%$$

금액)에서 차지하는 자기자본 또는 타인자본(부채)의 비율이다. 여기서 유의해야 할 것은 자기자본과 타인자본의 금액은 장부상의 금액이 아니라, 시가로 표시된다는 점이다. 타인자본 비용은 차입금리이다. 일반적으로는 평균차입금리가 적용된다. 통상적으로 이 타인자본 비용에 '1-법인세율'을 곱하여 세후 타인자본 비용을 구한다. 이것은 차입금의 금리가 세무상으로는 손실로 계상되기 때문에 절세효과를 얻기 위해서이다.

38

투자에 대해 어느 정도의 수익을 기대할 수 있을까?
── 자본비용: CAPM

리스크에는 시스템적인 리스크와 비시스템적인 리스크가 있다. 시스템적인 리스크는 경제정세 등의 영향을 받는 것으로서, 아무리 분산투자를 한다고 해도 분산할 수 없는 리스크이다. 투자가는 시스템적인 리스크를 감안한 수익을 요구한다. 이것은 β(베타)라는 리스크 지표에 '시장평균이자율 - 무위험이자율'을 곱하여 구한다. 비시스템적 리스크는 특정기업의 수입/수익의 증감 또는 생산공장에서의 사고 등에 의해서 발생하는 리스크로서, 분산투자를 통해서 분산할 수 있는 리스크이다.

그러면 리스크·부채·자본비용의 관계를 살펴보도록 하자. 부채의 자본비용(채권자가 요구하는 기대수익률)은 지불이자인 금리이다. 한편, 주주자본의 자본비용(주주가 요구하는 기대수익률)은 배당을 주식의 가치상승분으로 나눈 것이다. 만약 지금 500만엔을 투자하여, 10만엔

β(베타)는 무엇을 의미하는가?

개별의 주식이 증권시장 전체의 움직임에 대해 어느 정도 민감하게 반응하는가를 나타내는 것.

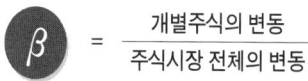

$$\beta = \frac{\text{개별주식의 변동}}{\text{주식시장 전체의 변동}}$$

1보다 작으면 시장의 움직임보다 작고, 1보다 크면 시장의 움직임보다 크다.

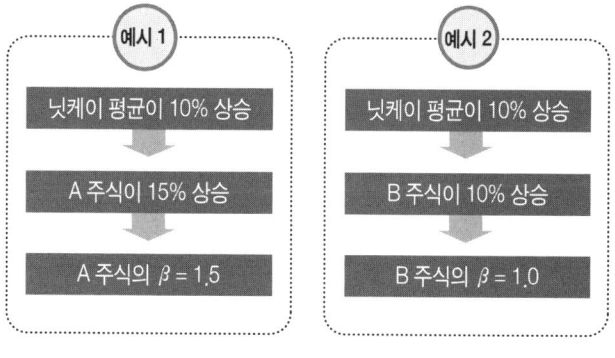

예시 1
닛케이 평균이 10% 상승
↓
A 주식이 15% 상승
↓
A 주식의 $\beta = 1.5$

예시 2
닛케이 평균이 10% 상승
↓
B 주식이 10% 상승
↓
B 주식의 $\beta = 1.0$

$\beta > 1$	시장의 움직임보다 크다
$0 < \beta > 1$	시장의 움직임보다 작다
$\beta < 0$ (마이너스)	시장과 반대로 움직인다

PART VI. 기업재무

의 배당(이자 및 배당 소득)과 40만엔의 매각이익(자산소득)을 획득한다면, 합계 10%의 운용으로 성공한 투자가 된다.

주주자본의 자본비용은 '몇 %의 이자를 기대할 수 있는가'를 나타낸다. 이 기대이자율은 리스크와 수익은 비례한다고 하는 원칙을 토대로 모델화한 것으로서 CAPM(Capital Asset Pricing Model: 자본자산평가모델)이라고 부른다. CAPM의 계산식은 다음과 같다.

$$Re = Rf + \beta (Rm - Rf)$$

Re : 자기자본비용(기대수익률)
Rf : 무위험이자율※
Rm: 시장평균수익률
β : 베타지수※
Rm-Rf : 시장 리스크 프리미엄※

※ 무위험이자율
안전증권이자율. 리스크가 없는 투자대상에서 얻을 수 있는 수익률. 일반적으로 10년 만기 국채의 수익률을 이용한다.

※ 베타지수
β가 1일 때 리스크는 시상평균과 일치한다. 이때, 자기자본비용은 시장평균수익률이 된다.

※ 리스크 프리미엄
리스크가 높은 투자대상에 대한 기대수익률 상승분

자기자본비용(CAPM)

 장기국채 수익률을 2.5%, 시장평균 수익률을 5.0%라고 가정하자. 이 때, β가 1.5인 기업의 자본비용(기대수익률)은 어느 정도가 될까?

자기자본비용 (CAPM)

= 무위험수익률(무위험금리) + β × (시장평균수익률 − 무위험수익률) 주식시장 프리미엄

조건:
- 장기국채수익률 = 2.5%
- 시장국채수익률 = 5.0%
- β = 1.5

일 때의 CAPM

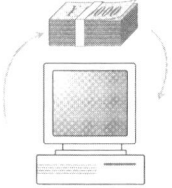

자기자본비용 (CAPM)

= 무위험수익률 2.5% + β 1.5 × (시장평균수익률 − 무위험수익률 / 5.0% − 2.5%)

= 6.25%

이 기업의 자기자본비용은 6.25%이다.

39

장차 이 회사의 주식은 상승할까? 하락할까?
── 주가수익비율: PER

기업의 가치를 표시하는 지표에는 다음과 같은 것이 있다.

> 📖 **주가수익비율(PER)**
> 주가수익비율(PER: Price Earning Ratio)은 주가를 주당순이익(EPS)으로 나눈 지표이다.

> 📖 **주당순이익(EPS)**
> 주당순이익(EPS: Earning Per Share)은 세후 당기이익을 총발행 주식수로 나눈 것이다. 이것은 기업의 이익을 토대로 하여 주가가 **높은지 낮은지**를 판단하는 지표가 된다.

예를 들어, 1주당 이익이 10엔이고 주가가 500엔인 기업의 경우,

PER은 500 ÷ 10 = 50이 된다. 이것은 주당순이익의 50배로 주식이 매수되고 있음을 표시한다. 덧붙여 말하면, 주식투자는 기업의 성장 가능성을 예상하고서 이루어지는 것이므로, 주당이익으로서는 차기의 예상치를 사용하는 경우가 많다. 또한 최근에는 단독결산 중시에서 연결결산 중시로 흐름이 변해가고 있는 관계로, PER의 계산에도 연결결산의 주당이익을 사용하는 것이 좋다.

(예) 전기의 주당이익이 20엔, 현재 주가가 400엔이라면, PER은 20배이다. 차기의 주당이익이 30엔으로 상승할 것이 예상되는 경우, PER이 동일하게 20배이라면, 주가가 600엔이 될 것이라고 판단할 수 있다. 또한, 동일업종의 평균 PER이 30배에 비해서 이 회사의 현재의 PER 20배가 낮다고 판단되면, 주가는 PER 30배 수준, 즉, 600엔이 적정한 것이 된다.

결국 PER 수치가 극단적으로 커지게 되면 그 기업의 주가는 '고평가' 상태로서 근간 매도될 것이라고 판단되며, 극단적으로 작다면 '저평가' 상태이다. 다만 PER이 낮은 경우, 경영 악화 가능성도 있음을 유의해야 한다.

| PER의 주의점 |

PER은 객관적인 가치기준이 아니다. 즉, '몇 배 이상이면 고평가' '몇 배 이하면 저평가'라고 판단할 수 있는 절대적인 기준은 될 수 없다. 따라서 동일 업종의 수익상태와 장래의 수익예측 등, 회사에 대한 평가와 비교하여 판단하는 상대적인 기준에 불과한 것이다.

제일제약과 등택약품공업의 PER 비교

제일제약(주)(동경1부: 4505.T)

시가 12/2	전일비	종가	거래총액	시가총액
1,831	-9(-0.49%)	1,840	491,900	24,496백만엔

시가	고가	저가	기세	기세	발행총주식수
1,870	1,893	1,812	—	—	86,453,235주

배당이익률	1주배당	주가수익비율(연결)	1주당이익(연결)	순자산배율(연결)	1주주주자본(연결)
1.53%	28.00엔	16.62배	110.18엔	1.23배	1,484.16엔

주주자본비율(연결)	주주자본(어울연결)	총자산이익률(연결)	조정1주당수익	액면분할	거래량
76.3%	7.75%	5.82%	—엔	—엔	100주

연결결산추이

결산년월일	2002년 3월기	2001년 3월기	2000년 3월기
매출액	332,753백만엔	317,072백만엔	300,538백만엔
영업이익	65,409백만엔	63,775백만엔	60,969백만엔
경상이익	66,978백만엔	65,246백만엔	60,026백만엔
당기이익	31,375백만엔	28,462백만엔	24,064백만엔
1주당 기대수익	110.18엔	102.13엔	87.69엔
조정 1주당 수익	—	99.44엔	83.69엔
1주당 주주자본	1,451.58엔	1,425.20엔	1,273.17엔
총자산	525,511백만엔	553,375백만엔	507,162백만엔
주주자본	401,208백만엔	408,247백만엔	343,060백만엔
자본금	45,246백만엔	45,246백만엔	30,257백만엔

등택약품공업(동경1부: 4511.T)

시가 12/2	전일비	종가	거래총액	시가총액
2,595	-65(-2.44%)	2,660	829,000	856,826백만엔

시가	고가	저가	기세	기세	발행총주식수
2,630	2,665	2,595	—	—	330,183,578주

배당이익률	1주배당	주가수익비율(연결)	1주당이익(연결)	순자산배율(연결)	1주주주자본(연결)
0.62%	16.00엔	32.41배	80.07엔	2.63배	985.19엔

주주자본비율(연결)	주주자본(어울연결)	총자산이익률(연결)	조정1주당수익	액면분할	거래량
67.0%	8.77%	5.58%	78.14엔	—엔	1,000주

연결결산추이

결산년월일	2002년 3월기	2001년 3월기	2000년 3월기
매출액	341,356백만엔	297,516백만엔	289,142백만엔
영업이익	46,852백만엔	33,605백만엔	34,843백만엔
경상이익	48,644백만엔	35,727백만엔	35,682백만엔
당기이익	26,150백만엔	20,528백만엔	22,906백만엔
1주당 기대수익	80.07엔	63.62엔	71.09엔
조정 1주당 수익	78.14엔	61.76엔	68.85엔
1주당 주주자본	962.94엔	863.12엔	815.42엔
총자산	474,546백만엔	462,324백만엔	435,551백만엔
주주자본	317,870백만엔	278,581백만엔	262,968백만엔
자본금	38,587백만엔	32,045백만엔	31,819백만엔

주가수익비율 (PER)		주가순자산비율 (PBR)	
제일제약	등택약품	제일제약	등택약품
16.6배	32.4배	1.23배	2.63배

제일제약, 등택약품 모두 일본의 제약기업 상위 10위 안에 드는 유력 기업이지만, 2002년 12월 1일 시점의 PRE에서 보면, 제일제약이 16.6배, 등택약품이 32.4배로 두 배 가까운 차이를 보이고 있다. 덧붙여 말하면, PBR(주가순자산비율)에서는 제일제약이 1.23배, 등택약품이 2.63배를 보이고 있다.

1주당 이익이라는 것도 토지매각 등 특별수익이 있으면 그 기간에 대한 이익이 증가하게 되어 PER 수치가 낮아짐으로써, 저평가 상태로 판단되는 불합리성도 생길 수 있다. 또한, 성장시장에서는 PER이 유효한 지표가 되나, 지금과 같은 저성장 시대에서 PER은 과거와 같은 역할을 하지 못한다는 지적도 있다.

　예를 들어, 동경증권거래소 1부 상장기업들의 평균 PER이 50배 정도인데 반해, 미국의 경우는 PER 평균이 20배 정도이다. 일본기업은 버블 후유증으로 인해 주가대비 적정이익을 내지 못하는 경우가 많아졌고, 1주당 이익이 감소함에 따라 PER이 높아지게 되었다.

　신문 등에 개재된 동경증권거래소 1부 전체 기업의 평균 PER은 주가의 시가총액을 이익총액으로 나눈 것인데, 때로는 몇백 배라는 유별나게 높은 수치를 나타내는 경우도 있다. 이것은 각 은행이 불량채권에 대한 상각을 실시하여 거액의 적자를 계상하는 경우와 같이, 전체 주식의 이익총액이 낮아진 나머지 그러한 수치가 산출된 것이다. 평균 PER은 개별 주식에서 확인할 수 있는 손익상황이 쉽사리 표면에 드러나지 않아, 수치만 따로 움직이게 될 위험성도 지니고 있다.

제일제약과 등택약품공업의 매출·이익 비교

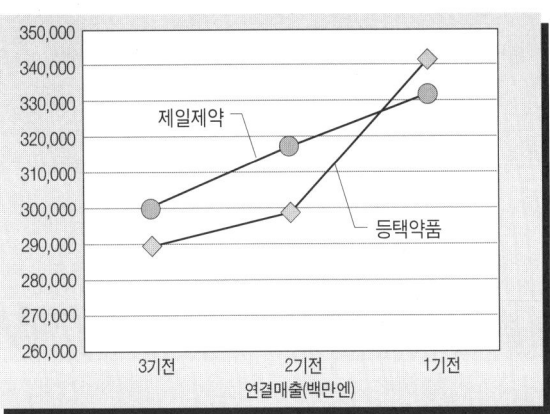

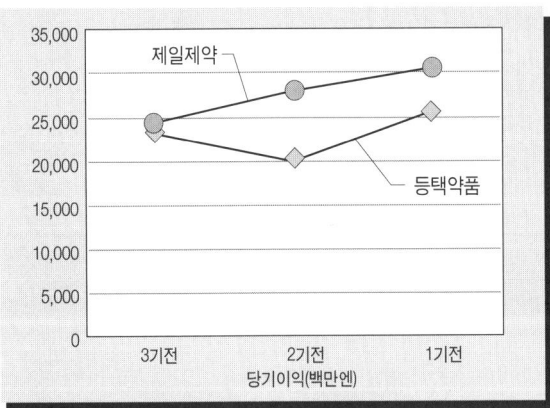

그래프를 통해서 알 수 있듯이, 양사는 규모가 거의 동일하고 과거 3년간 순조롭게 매출액과 당기이익이 증가하고 있다. 그러면 왜 PER의 차이가 발생하는가? 그것은 PER이 장래의 기대치의 반영이기 때문이다. 제약기업의 경우, 장래의 기대치는 지금으로부터 언제쯤 신약이 파이프라인에 들어올까 등이 큰 영향을 미친다. 이 PER의 차이에서 또한 엿볼 수 있는 것은 양사의 신약 파이프라인 상황(미래의 수익 원천)이다.

40

무엇을 토대로 주식을 평가하는가?
── 주가순자산비율: PBR

PER(주가수익비율)은 주식이 발생시키는 수익에 주목하는 것임에 반해, PBR(Price Book-Value Patio: 주가순자산비율)은 주식이 지닌 자산가치에 주목한 투자척도이다. PBR은 주가를 주당순자산가치(BPS: Book Value Per Share)로 나누어 구한다.

- PBR = 주가 ÷ BPS

  $$= \left(\frac{\text{시가총액}}{N}\right) \div \left(\frac{\text{순자산}}{N}\right)$$

  = 시가총액/순자산

- 시가총액 = 순자산 × PBR

  단, N = 총발행주식수

이 계산식에서 보다시피, 주식의 시가총액은 순자산과 PBR의 관계로 표시할 수 있다. 일반적으로 1배의 PBR이 주가(시가총액)의 하한 수준이 된다. 순자산은 회사의 해산가치가 된다. 여기서 주의할 점은 순자산은 통상 장부가격을 토대로 표시된다는 것이다. 보다 정확한 가치를 산정하기 위해서는 시가기준의 순자산을 이용한다.

지금 회사가 해산하게 되는 경우를 생각해보자. 자산을 모두 매각하고 부채도 모두 변제하고 난 뒤, 최후에 남는 것이 순자산이다. 결국, 순자산은 회사의 '해산가치'를 나타내는 것이고, 주당순자산은 '1주당 해산가치'라고 할 수 있다. PBR을 투자의 척도로 사용하는 것은 이 회사의 해산가치가 주가에 반영된다는 시각에서이다.

| PBR의 유의점 |

주가는 회사의 1주당 해산가치를 밑돌지 않는다. PBR이 1.0배를 하회하는 일은 기본적으로 없을 것이기 때문이다. 그러나 개별 주식에서 보면 0.03배에서 48배로 큰 차이를 나타내며, 1.0배를 밑도는 회사는 전체 3,236개 회사 중에서 1,923개사나 된다(2002년 11월 1일 현재). 그러한 회사는 흔히 저평가되었다고 간주되지만, 반드시 그렇다고는 할 수 없는 경우도 더러 있다.

1.0배 이하에서 계속 하락하는 경우는, 보증채무를 안고 있거나, 유가증권과 부동산 등에서 회계장부에는 계상되어 있지 않은 거액의 손실을 안고 있는 경우 등이라고 생각할 수 있다.

과거의 주가와 PBR 비교(결산기 기준) 2001년 8월 30일

마쯔시타전기산업

년	1주당 주주자본	주가 상한가	주가 하한가	PBR 최고	PBR 최저
1995	1,552	1,690	1,200	1.09	0.77
1996	1,619	2,070	1,640	1.28	1.01
1997	1,750	2,520	1,670	1.44	0.95
1998	1,784	2,375	1,640	1.33	0.02
1999	1,713	2,980	1,878	1.74	1.1
2000	1,786	3,320	2,410	1.86	1.35
2001	1,814	2,360	1,665	1.3	0.92

씨티즌

년	1주당 주주자본	주가 상한가	주가 하한가	PBR 최고	PBR 최저
1995	569	810	493	1.42	0.87
1996	583	936	780	1.61	1.34
1997	625	2,020	686	3.23	1.1
1998	653	1,205	622	1.85	0.95
1999	675	1,110	598	1.64	0.89
2000	681	1,250	649	1.84	0.95
2001	719	960	631	1.34	0.88

카시오전기

년	1주당 주주자본	주가 상한가	주가 하한가	PBR 최고	PBR 최저
1995	634	1,270	711	2	1.12
1996	623	1,150	885	1.85	1.42
1997	626	1,260	846	2.01	1.35
1998	655	1,350	737	2.06	1.13
1999	627	980	620	1.56	0.99
2000	624	1,330	800	2.13	1.28
2001	597	888	637	1.49	1.07

> 📖 **보증채무**
> 채무자가 채무를 변제할 수 없게 될 때, 보증인이 대신하여 변제 책임을 지는 채무이다. 보증을 선 회사에게는 확정한 채무가 아니므로 잠재적인 채무가 된다.

보증채무는 유가증권 보고서의 주기재 사항이나 대차대조표에는 기재되지 않기 때문에, PBR에는 반영되지 않는다. 또 대차대조표에 기재된 자산은 취득가격으로 표시되기 때문에, 현재가치(시가)보다 높으며, 거액에 달하는 회계장부에는 계상되어 있지 않은 손실을 안고 있는 경우는 PBR이 1.0 배를 밑돌아도 하락이 멈추지 않는 경우도 있다.

단, 장기적으로 일본의 회계제도도 현재의 취득원가 회계에서 시가회계로 이행할 것이고, 앞으로는 그러한 불합리가 시정될 것이다. 이상과 같은 점에 유의하여, PBR은 주식 선택을 위한 한 가지 지표로 이용하면 좋을 것이다.

PBR이 1.0배 이하인 기업

			PBR
1	대풍건설	동경증권거래소 1부	0.29
2	동아건설공업	동경증권거래소 1부	0.44
3	안등건설	동경증권거래소 1부	0.39
4	모리공업	동경증권거래소 1부	0.42
5	서화산업	동경증권거래소 1부	0.62
6	케이힌	동경증권거래소 1부	0.86
7	코스모석유	동경증권거래소 1부	0.48
8	스타젠	동경증권거래소 1부	0.53
9	유정중공업	동경증권거래소 1부	0.33
10	일본기철관	동경증권거래소 1부	0.38
11	춘목흥업	동경증권거래소 1부	0.60
12	일본도로	동경증권거래소 1부	0.25
13	일본바르카공업	동경증권거래소 1부	0.78
14	북야건설	동경증권거래소 1부	0.41
15	니치로	동경증권거래소 1부	0.86
16	품천백동와	동경증권거래소 1부	0.45
17	제일시멘트	동경증권거래소 1부	0.25
18	일본비행기	동경증권거래소 1부	0.41
19	궁지철공소	동경증권거래소 1부	0.55
20	일본신판	동경증권거래소 1부	0.28

(2002년)

41

도대체 현금으로 어느 정도 수익을 올릴 수 있을까?
―― DCF법(Discounted Cash Flow Method)

　현대의 재무에서는 투자 대상의 가치를 투자 대상이 장래 벌어들일 수익으로 평가한다. 그리고 장래의 수익을 현금흐름(현금수지)으로 인식하는 것이 통례이다. 이러한 가치평가의 주요 방법으로서 DCF법(Discounted Cash Flow Method: 현금흐름할인모형)이 있다.

　DCF법은 장래 기대되는 현금흐름을 적절한 할인율을 토대로 현재가치로 환산하고, 그 합계에 의해서 투자대상의 가치를 구하는 것이다. DCF법에 의한 기업가치의 산정에는 자유현금흐름(FCF: Free Cash Flow)과 가중평균자본비용(WACC)이 이용된다.

　자유현금흐름은 다음 그림의 ①의 계산식으로 구한다. 자유현금흐름의 계산에는 감가상각비와 운전자금 증감을 고려한 영업활동에서의 현금흐름에서, 기업경영에 필요하다고 생각되는 설비투자자금을 차감한다. 이 계산에서 남은 현금은 그것 없이도 기업경영이 가능한 것으로서, 전액 주주에게 귀속되는 것이다.

그림 ②는 WACC를 이용한 DCF법의 계산식이다. DCF법으로 산정된 가치에서 차입금과 사채 등의 유이자부채를 공제하고 매각가능한 비영업자산을 가산하여, 기업의 주주가치를 계산한다. 이것을 발행제 주식총수로 나누면 주가가 구해진다.

(예) 1년 후에 1억엔의 자유현금흐름을 가져오는 부동산 사업이 있다. 이 사업의 자유현금흐름은 2년 이래 연율 10%로 성장한다고 예상된다. 그리고 6년차 이래의 자유현금흐름의 성장률은 년 3%가 되고 영구적으로 계속하는 것으로 예상된다. 현금흐름은 매년 기말에 발생하고 이 사업의 WACC는 연율 5%로 일정하다. 또 이 사업은 골프회원권 2,000만엔을 포함하고 있으며 금후, 전매할 예정이다. 한편, 은행 차입금 5,000만엔이 있다.

이 사업의 가치는 얼마가 될까? 해답은 다음 그림에 있다.

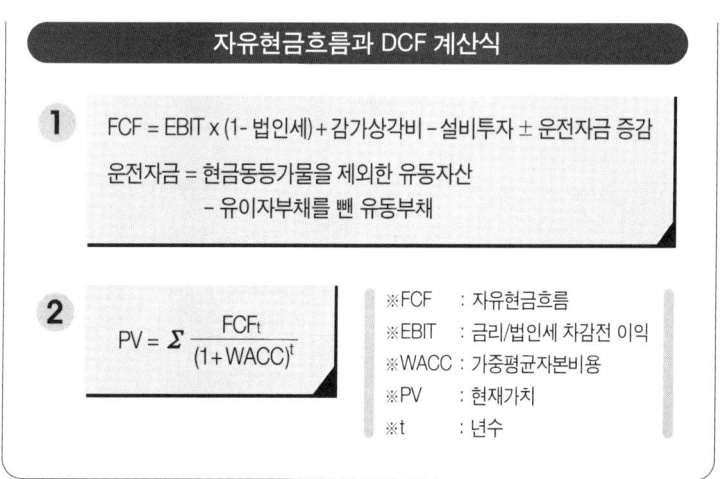

자유현금흐름과 DCF 계산식

① FCF = EBIT × (1- 법인세) + 감가상각비 - 설비투자 ± 운전자금 증감
  운전자금 = 현금동등가물을 제외한 유동자산
         - 유이자부채를 뺀 유동부채

② $PV = \Sigma \dfrac{FCF_t}{(1+WACC)^t}$

※ FCF : 자유현금흐름
※ EBIT : 금리/법인세 차감전 이익
※ WACC : 가중평균자본비용
※ PV   : 현재가치
※ t   : 년수

DCF법에 의한 가치평가

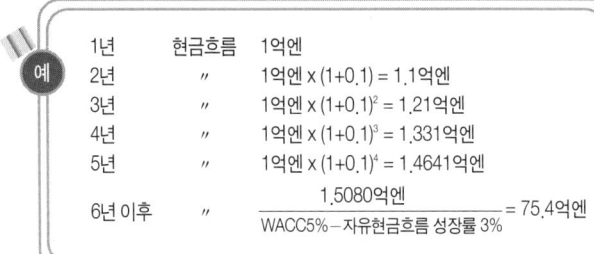

예	1년	현금흐름	1억엔
	2년	〃	1억엔 x (1+0.1) = 1.1억엔
	3년	〃	1억엔 x (1+0.1)² = 1.21억엔
	4년	〃	1억엔 x (1+0.1)³ = 1.331억엔
	5년	〃	1억엔 x (1+0.1)⁴ = 1.4641억엔
	6년 이후	〃	$\dfrac{1.5080억엔}{WACC5\% - 자유현금흐름 성장률 3\%}$ = 75.4억엔

자유현금흐름

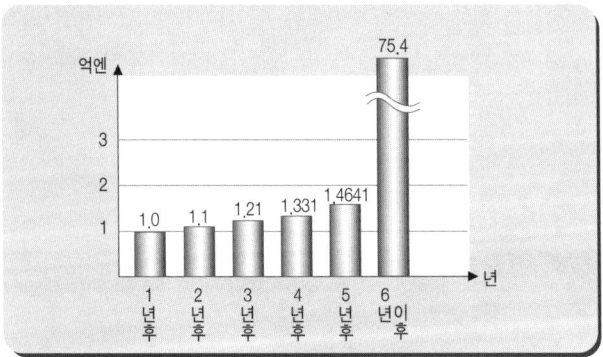

PV

$$= \frac{1억엔}{(1+0.05)} + \frac{1.1억엔}{(1+0.05)^2} + \frac{1.21억엔}{(1+0.05)^3} + \frac{1.3311억엔}{(1+0.05)^4} + \frac{1.4641억엔}{(1+0.05)^5} + \frac{75.4억엔}{(1+0.05)^6}$$

+ 골프회원권 2,000만엔 − 유이자부채 5,000만엔

= 61억 2,021만엔

PART IV 기업재무
CORPORATE FINANCE

PART VII

특별 주제 TOPICS

42_ 물류는 전략툴이 되었다
— SCM

43_ 고객을 위해서 어떻게 품질을 관리할 것인가?
— 6시그마

44_ 벤처 정신을 잊지 마라!
— 일본의 활성화와 벤처의 역할

66 6시그마는 GE사의 주요 전략으로서 유명해졌지만, 그 본질에 대해서는 그다지 잘 알려져 있지 않다. 통계학의 기법이었던 6시그마가 어떻게 품질관리 기법이 되었으며, 세계 최대 재벌기업의 기본 전략이 되었을까? 99

Master of Business Administration

42

물류는 전략 툴이 되었다
── SCM(공급체인 관리)

　상품이 소비자의 손에 전달되기까지에는 자재와 원재료 등의 공급자, 제조업자, 물류업자, 도매업자, 거기에 소매업자라는 플레이어가 거래에 관련된다. 이들 플레이어의 연결관계를 공급체인이라고 한다.

　공급체인 관리는 공급체인 상의 플레이어들간의 기업과 조직의 벽을 넘어선 정보공유를 통해서 다양한 장에서 발생하는 불필요한 노력을 배제하고 비즈니스 프로세스를 효율화시키는 것이다. 이를 통해 비용을 최소한으로 억제하고 비즈니스 스피드를 비약적으로 향상시킴으로써 고객만족도를 높이기 위한 경영 기법이다.

　'비즈니스 스피드를 촉진시킨다'는 것은 결국 상품의 흐름을 빠르게 하는 것이며, 재고·판매·물류에서 발생한 정보를 소매업자·도매업자·물류업자·제조업자 등에게 실시간으로 공유할 수 있게 하는 체제가 되는 것이다. 이를 통해서 과도한 재고 보유나 불필요한 물류비용을 부담하지 않고 단기간에 저렴하게 소비자에게 상품을 전달할 수 있게 된다.

| 부분 최적화에서 전체 최적화로 |

'비즈니스 프로세스 효율화'는 지금까지도 기업의 각 부문과 기업 내에서 진행되어 왔다. 그러나 아무리 개별적인 효율화를 추구한다고 하더라도 그것은 어디까지나 부분적인 최적화일 뿐, 소비자에 대한 가치와 결부되어 있지 않은 현실이다.

소비자에게 '필요한 상품을 필요한 때, 필요한 양 만 값싸게' 전달하기 위해서는, 자재의 조달에서 소비자의 손에 상품이 들어가기까지의 공급체인 전체가 하나의 조직처럼 전체 최적화를 실현하지 않으면 안 된다.

그런 까닭으로, '최적화'는 부문과 기업 내부에서 외부의 공급체인까지 범위가 확대되고 기업간의 제휴를 중시하는 움직임이 등장하게 되었다. 공급체인관리는 부분적인 효율화가 아니라, 네트워크에 의해 결합된 공급체인이 정보를 공유함으로써 상품의 흐름을 신속하게 하기 위한 것이다(재고회전의 향상과 납기단축). 동시에 돈의 흐름을 신속하게 하는 효율적인 경영을 통해서, 프로세스 비용을 대폭 삭감하고 궁극적으로는 고객의 만족도를 높이기 위한 것이다.

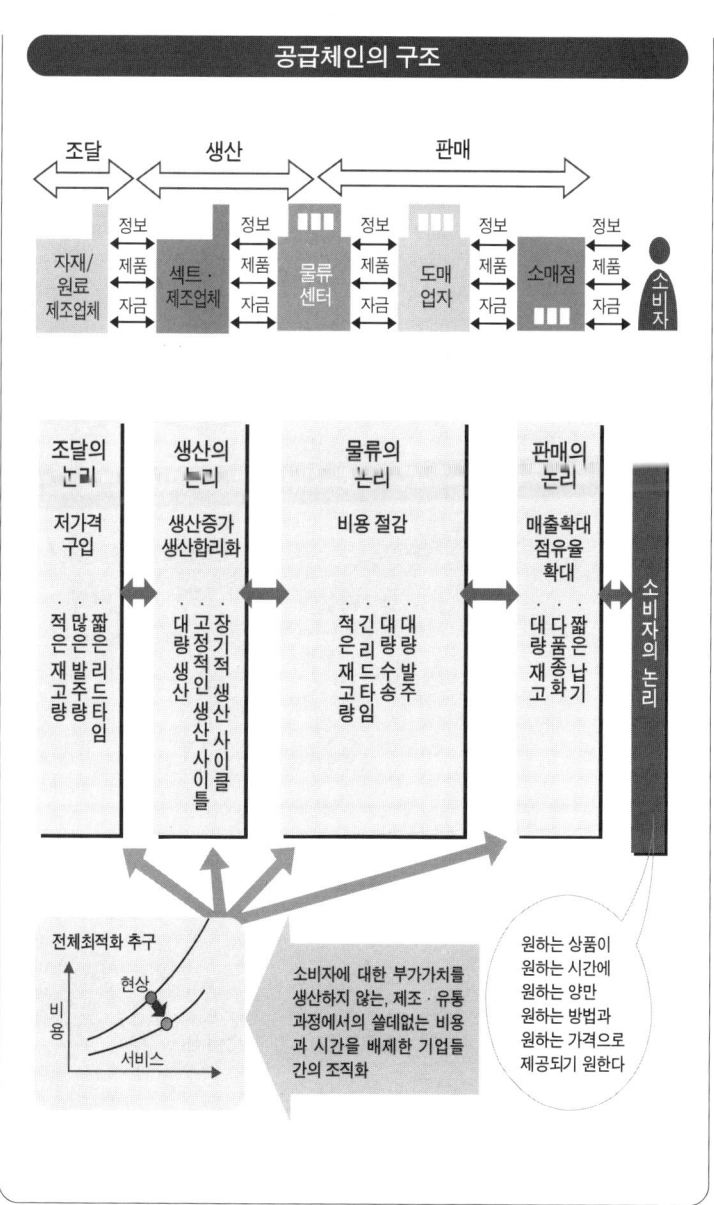

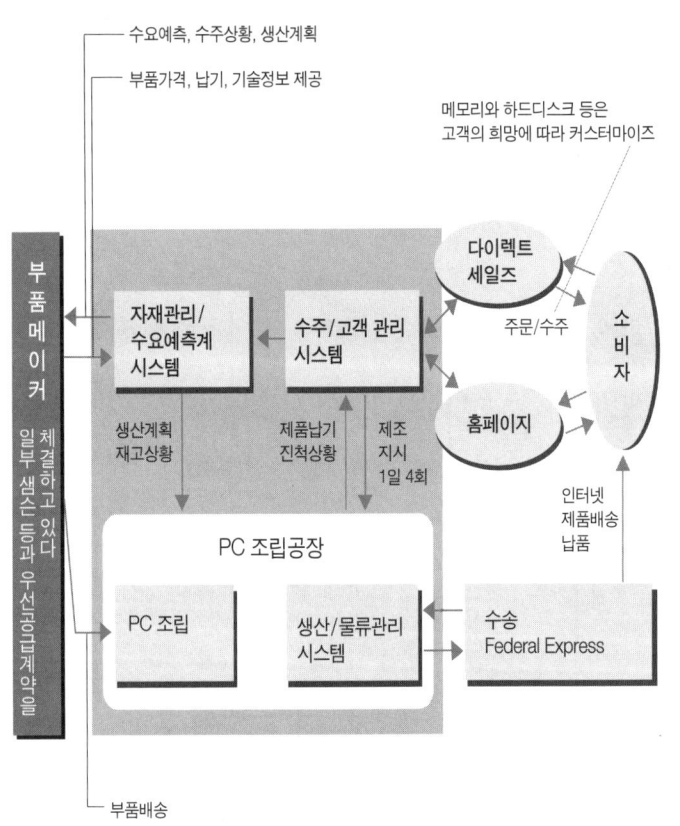

고객에서 주문을 받아 제품 배송까지 약 1주일이라는 짧은 시간을 실현했다. 기존의 상품 흐름을 전부 바꾸고, 고객의 니즈를 직접 듣고 거기에 맞추어 생산·직송하는 델의 방법은 궁극적인 SCM이라고 할 수 있다.

출처: 후쿠시마 요시아키, 『공급체인 경영혁명』

43

고객을 위한 품질관리를 어떻게 할 것인가?
— 6시그마

6시그마는 GE사의 주요 전략으로서 유명해졌지만, 그 본질에 대해서는 그다지 잘 알려져 있지 않다. 통계학의 기법이었던 6시그마가 어떻게 품질관리 기법이 되었으며, 세계 최대 재벌기업의 기본 전략이 되었을까?

> 📖 **6시그마**
>
> 시그마는 원래 통계학 용어로서, 분포의 범위(불규칙적인 분포)를 나타낸다. 6시그마는 비즈니스상의 모든 에러와 결함을 '100만회의 오퍼레이션에서 3, 4회'로 줄이고자 하는 것이다.

6시그마는 과거부터 있던 '불량률 0'과는 근본적으로 다르며, '불량률 0'을 목표로 하지도 않는다. 그 이유는 0을 목표로 하게 되면, 비

6σ(6시그마)

GE에 있어서 6시그마란 무엇인가?

● **GE 내에서의 6시그마** : "높은 규율에 입각한 프로세스에서 GE가 완벽에 가까운 제품과 서비스를 개발하고, 그것을 고객에게 전달하는 것에 주력하도록 돕는다"고 정의되고 있다. 사실은 GE에 있어서 6시그마는 사내에 고객의 시점을 중시하는 풍토를 뿌리내리게 하기 위해 준비된 것이었다 (이렇게 말하는 것은 그 이전에는 고객보다도 회사 내부 쪽으로 관심을 두고 있었다는 의미일 것이다). 이런 이유로 GE 내부의 6시그마 프랙티스에는 '고객의 시점' '고객의 만족도'라는 말이 주문처럼 빈번하게 등장한다. 다음의 글은 GE재팬의 홈페이지에서 6시그마 해설부분을 발췌한 것이다.

● **고객에게 기쁨을 전달한다** : "고객이야말로, GE라고 하는 우주의 중심에 있는 존재이며, 품질을 정의하는 것도 또한 고객이다. 고객은 성과와 신뢰성, 경쟁가격, 스케줄에 따른 상품배송, 서비스, 명확하고 정확한 거래처리 등을 기대하고 있다. 고객에게 영향을 주는 속성 중 그 어느 한 가지에 대해서도 '우수하다'는 것만으로는 충분하지 않다. 고객에게 기쁨을 전달하는 것은 어떻게 해서든 달성하지 않으면 안 되는 과제이다. 그렇지 않으면 타사에게 뒤처지게 되고 말 것이기 때문이다!"

이처럼 GE에 있어서 6시그마는 전사적으로 공통적인 일정의 것(고객의 시점에서 상품·서비스의 품질을 만족시킨다)을 '철저하게' 단행하는 툴이었음을 알 수 있다.

출처: GE 보도자료

6시그마의 개발

Point 6시그마 자체를 어떻게 응용해 가는가도 중요하지만, 사실은 여기서 강조하고 싶은 것은 6시그마의 개발 프로세스이다. 원래 일본에서 시작하여 일본의 경쟁력의 원천이었던 품질개선운동을 구미가 자신의 전략 기법으로서 받아들여 정교화 시켰고, 지금 거꾸로 일본이 그 6시그마를 배우고 있는 것이다.

미국의 6시그마 개발 방법은 다음 그림과 같다.

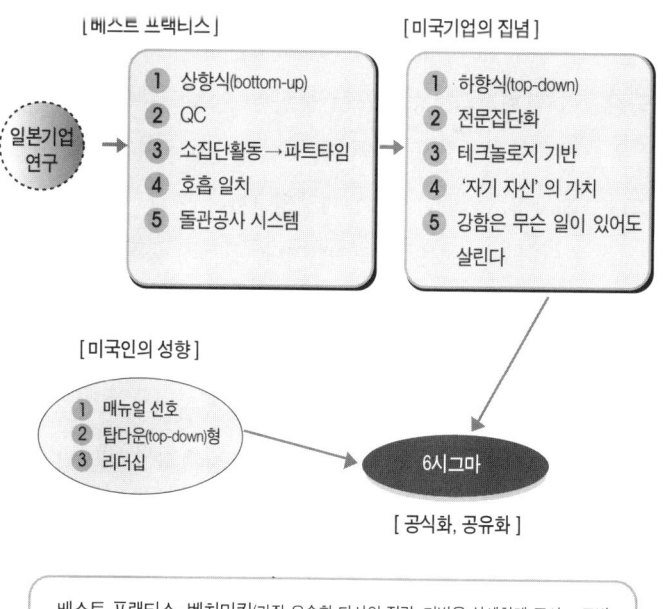

베스트 프랙티스·벤치마킹(가장 우수한 타사의 전략·기법을 상세하게 조사 = 모방 준비)을 철저하게 시행했다.

용이 무제한적으로 소요되고 비즈니스의 합리성도 상실된다고 여겨지기 때문이다. 일본에서 시작된 품질향상 운동을 구미의 관점에서 새로운 경영 기법으로서 포착한 것이 바로 6시그마이다.

● TQC와의 차이점

TQC나 6시그마 모두 품질관리를 모토로 하는 점에서는 동일하나, TQC가 현장의 개선운동에 그치고 있는데 반해, 6시그마는 경영혁신 기법으로까지 승화되었다는 것이 양자간의 가장 큰 차이점이다.

● 6시그마의 효과

경영혁신 기법으로서의 6시그마의 특징은 무엇일까? 그것은 상층부·중간관리자·현장의 3층이 모두 동일한 툴로 고객의 니즈를 파악하고 품질개선에 활용한다는 점이다. 6시그마에서 가장 중요한 용어는 CTQ(Critical To Quality: 품질상 가장 중요한 것)이다. 이때, 중요한지 아닌지를 판단하는 관점은 고객의 관점이다. 일본의 품질개선관련 활동과 다른 점이 바로 이 부분이다.

일본의 경우에는 CTQ를 판단하는 관점이 생산자 쪽에 있는 경우가 많고 따라서 생산자, 즉 기업이 생각하는 품질개선 포인트에 집중하는 경향이 있다. 그 결과, 초점이 고객의 니즈에서 벗어나게 되거나, 지나친 제품사양으로 인해 비용증가를 유발한다.

그러나 6시그마는 고객이 중요하다고 인식하는 포인트에서 순차적으로 품질을 개선하고 고객만족도를 높이고자 하는 철학이다. 그로 인해, 비용 삭감과 고객 만족이라는 두 가지 목표를 동시에 달성할 수 있게 된다. 6시그마는 제조업뿐 아니라, 서비스업에도 적용할 수 있다.

44

벤처 정신을 잊지 마라!
── 일본의 활성화와 벤처의 역할

| 벤처의 레버리지 효과 |

일본의 기업풍토에서 우수한 인재는 전통적으로 대기업에 편재되어 있다. 오랫동안 종신고용제가 지속되어, 그 처우가 타의 추종을 불허하기 때문에 좀처럼 작은 기업에는 가려고 하지 않는다. 그러나 대기업이 새로운 일을 추진하고 일본을 활성화시키려고 노력한다면 문제가 되지 않겠지만, 도무지 일본의 대기업에서는 혁신적인 사업이 나오기 어려운 현실이다. 기존의 사업을 유지하고 개선시키려는 노력은 결국 축소적 균형에 불과하다. 그렇기 때문에 지금 벤처의 신흥이 요구되고 있는 것이다.

용어상 약간의 혼란은 있지만, 벤처는 새로운 분야의 사업과 새로 설립된 회사라는 두 가지 축으로 정의할 수 있다. 일반적으로 벤처라고 하면 사업분야와 회사 자체를 모두 완전히 새로 시작한 것을 가리키는 경우가 많지만, 신규 설립된 회사가 기존분야에서 방법을 약간 바꾸어 진입하는 경우나, 기존의 회사가 누구도 진입하지 않은 분야로 진입하는 경우도 넓은 의미의 벤처라고 할 수 있다. 산업전체의 활성화라는 관점에서 이 세 가지 형태의 벤처가 모두 촉진될 필요가 있다.

벤처는 두 가지 점에서 일본의 활성화로 연결될 수 있다. 첫째는 완전히 새로운 산업을 일으켜서 새로운 수요와 고용을 창출하는 것이고, 다른 하나는 기존의 회사에 자극을 가해 변혁을 촉구하는 것이다. 신흥기업이 고용을 창출한다고 해도, 신규 설립된 회사가 성장하고 많은 고용을 창출하기까지는 다소 시간이 소요된다. 나아가 세계에 큰 영향을 끼칠 수 있는 기업으로 성장하려면 많은 시간이 요구된다. 일본의 활성화라는 측면에서 볼 때, 벤처기업으로부터 자극이 기존의 대기업이 변혁하게 만드는 레버리지 역할을 할 것이다.

| 소프트뱅크의 역할 |

기존 기업에 대한 영향력의 측면에서 볼 때, 소프트뱅크의 역할을 무시할 수 없다. 한때는 IT혁명의 총아로서 수많은 독창적인 사업에 손을 댔으나 결실을 맺지 못했거나, 도중에 철수해버린 사업 등으로 인해 손정의 사장의 경영능력에 대해서 비판이 제기되기도 했다. 그러나 소프트뱅크가 손을 댄 사업에 의해서 업계구조가 어떤 변혁을 겪었는지를 고려할 때, 소프트뱅크가 기존의 사업구조에 끼친 레버리지 효과는 놀라운 것이었다.

| NASDAQ의 사례 |

NASDAQ JAPAN이라고 하는 신흥시장을 일본에 도입한 사례를 살펴보기로 하자. 비록 NASDAQ JAPAN이 2002년 8월에 일본에서 철수한다고 발표를 했지만, 그 설립은 동경증권거래소에 큰 자극과 변혁을 불러일으켰다. NASDAQ JAPAN의 창립발표 후 불과 몇 개월 만에, 그때까지 유별나게 문턱이 높았던 동경증권거래소가 신흥시장인 마자즈(우리나라 코스닥같은 벤처기업 주식시장. 역주)의 설립을 발표하게 되었다. 그 결과, 벤처기업이 신흥시장에서 직접 자금 조달을 할 수 있는 기회가 확대되어 1990년대보다 상장기업 숫자가 3~4배 이상 증가하게 되었다.

구미의 최고 MBA 졸업생 중에서도 성적이 최상위층인 학생들 중 많은 수가 창업을 목표로 한다고 한다. 일본의 경우도 MBA 이후에, 기존의 틀을 바꾸겠다는 커다란 비전을 가지고 창업을 꿈꾸는 사람들이 증가하고 있는 것 같다. 물론 MBA 취득 후 대기업에서 변혁의 매체가 되는 것도 그와 똑같이 중요한 일일 것이다. 여러분이 그 꿈을 이루는데 이 책이 도움이 되기를 바란다.

당신의 지식을 10일 안에 현장에 투입할 수 있게 하는 모든 것
일류 컨설팅 회사와 기업, 인재 이렇게 선발한다!

미국 구인/구직자 5명중 3명이 읽는 책
아마존 초베스트셀러
HTTP://FINANCE.VAULT.COM
HTTP://CONSULTING.VAULT.COM

Vault Career Series 01

케이스 인터뷰
논리적 사고, 창의적 분석, 그 이후는?
(비즈니스 케이스로 뛰어넘는다)

인터뷰 프로세스에 적용할 수 있는 구조적인 접근법, 사고 프로세스, 비즈니스 이슈, 해결책을 role-play 형식으로 제시. 컨설팅 케이스에 대한 완벽한 가이드. 컨설팅 회사에 입사하거나 컨설팅 프랙티스를 적용하고자 하는 일반 기업의 경영자·인사 담당자들의 필독서.

Mark Asher 外 지음 | Vault Inc. 김은경, 소자영 옮김

- 보스턴컨설팅그룹, 부즈앨런해밀턴, 베인앤컴퍼니, 맥킨지 등의 실전 면접문제 제공
- 지원자, 면접관의 실전문제를 토대로 한 인터렉티브 케이스
- 케이스 프레임워크, 모의 면접 시나리오, 브레인티저(brainteaser) 문제 망라

Vault Career Series 03

컨설팅, 일류기업 면접대비와 경력개발을 위한

컨설팅 커리어 가이드

컨설팅 개념 및 최신동향, 컨설턴트 핵심스킬, 채용 프로세스 및 인터뷰 샘플, 컨설턴트 라이프 스타일

302쪽 | 에릭 정, 짐 슬레퍼카 外 지음 | 보스턴컨설팅그룹(BCG) 옮김

한국어판 보스턴컨설팅그룹(BCG) 최신 국내 실제 사례 수록

- 최고 권위의 Vault 컨설팅채널이 제시하는 컨설팅사 입문을 위한 가이드
  컨설팅 기본개념 및 업계 최신동향, 컨설턴트 직무스킬 및 성공을 위한 조언, 케이스 인터뷰/브레인티저/게스티메이트 종류 및 샘플, 컨설턴트 라이프스타일, 용어설명
- 세계적인 전략 컨설팅사(BCG)의 최신 국내 실제 사례
  "BCG는 어떻게 컨설팅을 수행하고 있는가?"

Vault Career Series 02

금융기관, 일류기업 면접대비와 경력개발을 위한

파이낸스 인터뷰

최초로 발간되는 금융권 면접/경력개발을 위한 완벽 가이드
재무개념과 실전문제 150문항,
적대적 질문, 브레인티저 준비를 단 한 권으로 해결!

D.Bhatawedekher, Dan Jacobson, The Staff of Vault 지음 | Ymcg 옮김 | 3mecca 감수

- **전문성 검증: 기업의 가치를 어떻게 평가할 수 있는가?**
  기업가치평가기법, 주식/포트폴리오 분석, 채권, 이자율, 통화, 옵션과 파생상품, M&A 등 기본적인 재무지식을 실전문제와 점독시집

- **적합성 검증: "왜 우리가 당신에게 이 일을 맡겨야 할까요?"**
  브레인티저, 어림짐작, 압박테스트 준비 방법 제시

Vault Career Series 04

대학생, 최근 졸업생, 자녀들의 장래 직업경로에 대해 관심을 갖는 부모님, 학교 진로지도 교사들을 위한 필독서

The Vault College Career Bible, 2006 Edition

다양한 직종, 이력서/자기소개서 작성, 취업 인터뷰, 인턴십, 대학원 진학 등 진로 준비와 결정을 위한 총체적인 정보와 단계별 가이드라인 제시

Vault Editors 지음 | Vault, Inc. | 세쿼이어그룹 옮김

VAULT
> the most trusted name in career information.™

Vault는 경력개발 관련 정보를 제공하는 회사로서, 산업협회와 인적 네트워크, 그리고 구직자들에 대한 직접적인 조사를 통해서 경력개발에 관한 핵심 정보를 제공한다. Vault Career Library는 경력개발에 관한 1000여종 이상의 산업/기업/커리어 토픽 가이드를 포함하고 있다. www.vault.com

하버드·MIT도 부럽지 않은
FAST MBA

초판 1쇄 인쇄 2007년 8월 27일
초판 1쇄 발행 2007년 9월 7일

지은이   이케가미 쥬스케
옮긴이   3mecca

발행인   김은경
발행처   3mecca.com
출판등록 2002년 9월 23일 제 300-2002-195호
주소   서울시 종로구 중학동 111번지 경제통신빌딩 6층 (우) 110-150
전화   (02) 733-0617, 팩스/ (02) 734-0657
웹사이트 http://www.3mecca.com
e-mail   3mecca@3mecca.com

값 13,500원

ISBN 978-89-92534-02-4-13320

* 기업-개인 직접주문: 3mecca.com (전화 02-733-0617)
* 잘못 만들어진 책은 바꾸어 드립니다.